東大のディープな日本史

傑作選

歴史が面白くなる

Deep Japanese history at the University of Tokyo

相澤理

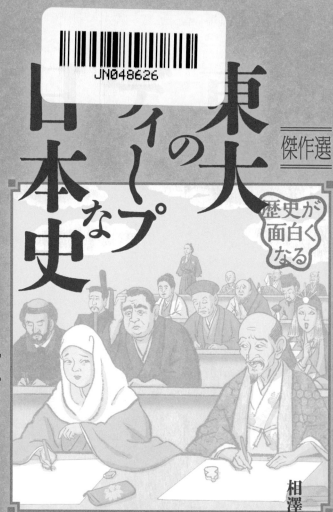

はじめに

「とにかく、東京大学の日本史の入試問題が、たまらなく面白いのです。」

この言葉から始まるシリーズ一作目『歴史が面白くなる　東大のディープな日本史』（中経出版・現ＫＡＤＯＫＡＷＡ）を世に問うたのが、今から12年前の２０１２年のこと。「東大の入試問題をただ解く」という、誰をターゲットにしているのかよく分からないこの書は、お蔭さまで予想だにしなかった多くの読者を獲得することができました。また、「ディープシリーズ」は世界史・古典など他の科目に広がり、他社から類書も出されるなど、「入試問題を解説した一般書」というジャンルを成立させたことは、筆者がひそかに誇りとするところです。

筆者が本を書く動機は、「世に知られるべきものを、世に知らしめたい」という一言に尽きます。程よくエッジが立っていて、それでいて受験生に問うに足るものばかりである東京大学の日本史の入試問題（以下「東大日本史」と略します）は、もっと世に知られて良いと、予備校や学校で授業をしながら、ずっと思っていました。その目的を十分に果たし、入試問題から見える東大の一面を描き出せたことに、筆者は満足しています。

東大は、面白く、そして「この問題ができる受験生ならば優秀であるに違いない」と確信し得る入試問題を今も出題し続けています。一方で、歴史研究の進展や、学習指導要領の改訂など教育環境の変化に応じて、出題に微妙な変化も見られます。

そこで、旧作で取り上げた問題の中でも読者から評判の良かった傑作に、近年の新作を加えて、一冊にまとめることにしました。**収録されている問題は、昭和50年代から令和の時代まで、40年以上に及びます。**本書を通じて、東大日本史の何が変わり何が変わっていないのかを、読者の皆さんに感じていただければ幸いです。


それとともに、筆者には旧作に一つ心残りがありました。それは、東大日本史は面白いということを強調しすぎたがゆえに、歴史に対する学びを十分に引き出すことができなかったのではないか、ということです。もちろん、その対象への関心、少し格好つけて言えば、知的好奇心によってこそ、学びは引き出されます。本シリーズをお読みくださった知的好奇心旺盛な方は、自らその先にある学びを引き出してくださったのではないかと思います。ですが、著者としても、その学びについてもっと踏み込んで書くことができたのではないかと思うのです。

東大日本史の問題は一問一問がそれ自体で完結した作品となっていますが、当然、高校で学ぶ日本史の内容の中に位置づけられます。そして、**何十年と出題されてきた問題を見通すことで、歴史の全体像をつかむことができます。**そこまで書ききることで、はじめて東大日本史の面白さを描き尽くしたと言えるでしょう。

そこで、本書では、各問で解答例を示したあとに、**新たに「歴史の結び目」という項目を設けて、歴史上での位置づけや次の問題へのつながりを説明しました。**古代は「完コピ」、中世は「自力解決」、近世は「階層分化」、近代は「一等国」というキーワードに着目することで、それぞれの時代の特徴がつかめるようになっています。また、旧作の問題に関しても、最近の研究成果を踏まえるとともに、問題どうしの関連を意識して、加筆・修正を行いました。

以上のとおり、東大日本史の面白さとそこから得られる学びを最大限に引き出すべく、これまでと変わらぬ誠実さと情熱をもって、言葉に魂を込めて書きました。ですので、読者の皆さんはどうぞ二度読んで、東大日本史のすべてを吸収してください。筆者は、どんな書籍も二度読んではじめてその価値が分かるという考えに、今もみじんの揺らぎもありません。

※東京大学における入試問題は横書きですが、本書ではこれを縦書きにしました。また、便宜上、歴史用語を中心にルビを追加して振るなど、一部表記を改めています。

CONTENTS

第2章 中世

第3章

近世

第4章 近代

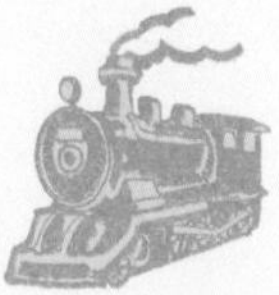

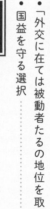

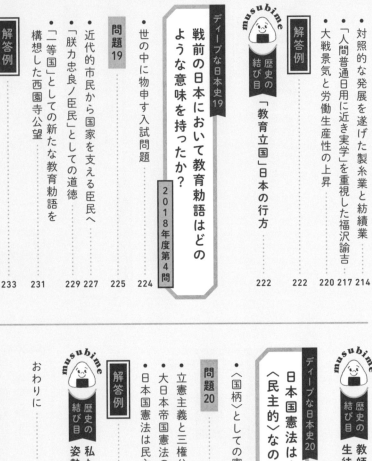

第1章 古代

ワカタケル大王の国内統一と国際的立場との関係は？

2013年度第1問

「この国の始まり」としてのワカタケル大王

私たちが今こうして生きているこの国は、どのようにして形成されていったのでしょうか？　「日本」という国号が定まったということをもって、「この国の始まり」と考えるならば、それは7世紀後半の天武天皇の時代であったと考えられます。ちなみに、自らの地位を「天皇《すめらみこと》」と称したのも、天武が最初です（それまでは、本問で出てくるように「大王《おおきみ》」と呼ばれていました）。天武（大海人《おおあまの》皇子《みこ》）と言えば、大友《おおともの》皇子《みこ》との皇位継承争いである壬申の乱（672）に勝利して即位したことで、強大な権力を握ります。**「日本」という国号、そして、「天皇」という称号は、天武の権力を象徴するものでもあった**のです。

しかし、国家形成という点ではもちろんそれ以前から進んでいます。弥生時代（紀元前5世紀〜紀元後4世紀）には、稲作の開始とともに共同体の成員を統率する首長が現れ、九州北部を中心にクニ（小国家）が形成されました。クニどうしは争いを繰り広げ、そうしたなかから邪馬台国《やまたいこく》の女王・卑弥呼《ひみこ》なども現れます。そして、3世紀半ばには大和《やまと》地方（現在の奈良県）を中心に、巨大な前方後円墳を築造する政治連合が出現しました。現在の「日本」国につながる、ヤマト政権です。

ヤマト政権はその後、全国に支配領域を拡大していき、5世紀後半に一つの頂点に達します。そこに現れたのが、雄略天皇とされるワカタケル大王です。沖縄や北海道、さらには東北地方北部などを除く、現在の「日本」という国の領域の大部分を支配下に置いたという意味で、ワカタケル大王は「この国の始まり」の王として位置づけることができるでしょう。次の東大日本史の問題は、そのワカタケル大王の国づくりについて問います。

問題1

次の❶～❹の文章を読んで、下記の設問に答えなさい。

❶ 『宋書』には、478年に倭王武が宋に遣使し、周辺の国を征服したことを述べ、「使持《しじ》節都督倭《せっととくわ》・新羅《しらぎ》・任那《みまな》・加羅《から》・秦韓《しんかん》・慕韓《ぼかん》六国諸軍事安東《あんとう》大将軍倭王」に任じられたと記す。こののち推古朝の遣隋使まで中国への遣使は見られない。

❷ 埼玉県の稲荷山古墳から出土した鉄剣の銘文には、オワケの臣が先祖以来大王に奉仕し、ワカタケル大王が「天下を治める」のをたすけたと記す。熊本県の江田船山古墳《えたふなやま》出土の鉄刀銘にも「治天下《ちてんか》ワカタケル大王」が見える。前者の銘文は471年に記されたとする説が有力である。

❸ 『日本書紀』には、雄略天皇を「大泊瀬幼武《おおはつせわかたける》天皇」と記している。「記紀」は、雄略天皇をきわめて残忍な人物として描き、中央の葛城《かずらき》氏や地方の吉備《きび》氏を攻略した伝承を記している。

❹ 475年に百済《くだら》は高句麗《こうくり》に攻められ、王が戦死していったん滅び、そののち都を南に移した。この戦乱で多くの王族とともに百済の人々が倭に渡来した。さまざまな技術が渡来人によって伝えられ、ヤマト政権は彼らを部に組織した。

設問

5世紀後半のワカタケル大王の時代は、古代国家成立の過程でどのような意味を持っていたか。宋の皇帝に官職を求める国際的な立場と「治天下大王」という国内での称号の相違に留意しながら、6行（180字）以内で説明しなさい。

（2013年度・第1問）

古墳から見えてくるヤマト政権の成立と発展

問題に入る前に、その前提となる、ヤマト政権の成立と発展の過程について説明しておきましょう。

先述のとおり、大和地方に形成された広域の政治連合をヤマト政権と呼んでいます。

ヤマト政権の成立を示すのが、巨大古墳の出現です。3世紀半ばの築造と推定され、かつては卑弥呼の墓との説もあった箸墓《はしはか》古墳（奈良県桜井市）は、墳丘長（墳丘の周囲の全長）280メートルを誇り、それを造ることのできるだけの動員力と経済力のある支配者が現れたことを示しています。なお、箸墓古墳が位置する纏向《まきむく》遺跡は、大型の建物群なども発見されており、ヤマト政権の最初の王都であったと考えられています。

また、古墳には前方後円墳という特徴的な形はもちろん、周囲に円筒埴輪や葺石《ふきいし》を並べて墓域を誇示し、後円部の上から穴を掘って石室に遺体を埋葬する（竪穴式石室）といった、共通の墓制・葬法が存在します。これは、一つの政治集団の形成を示すものです。面白いことに、5世紀になると、前方部と後円部の大きさの比が一致していて、同じ設計図に基づくと推定される古墳も出現します。

このように、**共通の墓制をとる巨大古墳の出現が、ヤマト政権という広域的な政治連合の成立を裏付けている**わけです。

司祭者から軍事的支配者へ

さて、5世紀に時代が進むと古墳には異なった特徴が見られるようになりますが、そこからヤマト政権の発展の様子を読み取ることができます。

第1に、巨大化です。仁徳天皇の墓とされる大仙陵古墳（大阪府堺市）は、墳丘長486メートルを誇る全国第一の古墳で、のべ680万人が動員され、一日に2000人動員したとして築造に15年以上かかると推計されています。それは、大王の権力の強大化を示すものです。

第2に、副葬品の変化です。前期には呪術に用いられる銅鏡や勾玉《まがたま》などが主でしたが、中期には馬具や武具が中心となります。このことは、被葬者である支配者が司祭者的な性格を脱し、武人的な性格を強めていたことをうかがわせます。

ここで、問題の資料文❸をご覧ください。「記紀」（古事記と日本書紀）は雄略天皇（大泊瀬幼武天皇）を「きわめて残忍な人物」として描いているとありますね。たしかに、雄略天皇が皇子の時代に兄の八釣白彦皇子《やつりのしろひこのみこ》と境黒彦皇子《さかいのくろひこのみこ》を殺害したとする記述があります。この資料文の解釈は難しいところですが、「中央の葛城氏」や「地方の吉備氏」を攻略していく過程で見せた、軍事的な支配者としての性格の反映であると捉えられます。

話を戻しましょう。5世紀の古墳の第3の特徴として、分布の広がりが指摘できます。中期には、墳丘長360メートルの造山《つくりやま》古墳（岡山県岡山市）など、吉備地方（現在の岡山県）や上《かみつ》毛野《けの》地方（現在の群馬県）でも巨大古墳が築造されるようになりました。それは、**ヤマト政権が地方豪族と同盟関係を結びながら（後述）、支配領域を拡大していた**ことを意味します。

このように、ヤマト政権は前期から中期にかけて、大和地方の地域的な政治連合から、軍事力を背景とした全国的政権へ成長していったと考えられるのです。

そうしたなかで5世紀後半に現れたのが、ワカタケル大王でした。

鉄資源を求めて朝鮮半島へ

それでは問題の解説に移りましょう。まず、国内支配に関わる資料文❷をご覧ください。稲荷山古墳（埼玉県行田市《ぎょうだし》）出土の鉄剣と、江田船山古墳（熊本県玉名郡和水町《たまなぐんなごみまち》）出土の鉄刀に刻まれている、「ワカタケル大王」の銘文についての記述です。前者に干支で表記されている「辛亥年」は西暦471年と推定され、『日本書紀』では雄略天皇の治世にあたります。どちらも、ワカタケル大王（雄略天皇）から贈られた鉄器です。

この2つの出土史料からは、3つの意味が読み取れます。

第1に、ヤマト政権は支配領域を、関東地方から九州地方北部まで拡大させたということ。この点は、5世紀の古墳の分布の広がりとも一致します。

第2に、地方豪族がヤマト政権内で重要な位置を占めていたということ。先に見たとおり、5世紀には造山古墳など地方でも巨大な前方後円墳が築造されました。それは、地方豪族の力の大きさを示すものです。それゆえ、ヤマト政権は地方豪族を完全に屈服させたというよりも、同盟関係を結んで政権内に組み込んだと考えられます。

そのときにヤマト政権が用いたのが、大陸から入手した鉄器です。1世紀までさかのぼれば、九州北部に成立した奴国《なこく》は、中国の後漢に朝貢し、独占的に入手した銅鏡などの金属器を他国に贈ることで、影響力を保持しました。5世紀の地方豪族にとっても、国内で容易に手に入らない鉄器は魅力的だったでしょう。ヤマト政権は、この鉄器を用いて地方豪族を取り込んでいったと考えられます。これが第3の意味です。

こうして、鉄器を通じて国内支配と対外交渉とがリンクします。ヤマト政権は4世紀後半ごろから、鉄資源を求めて朝鮮半島南部に進出していました。そのときに争ったのが、中国東北部に成立していた高句麗です。高句麗好太王《こうたいおう》碑（現在の中国吉林省）には、4世紀末から5世紀初めにかけて、新羅や百済を破った「倭」と交戦したことが記されています。鉄器はノーリスクで手に入れられるものではなかったのです。

そこでヤマト政権は、5世紀になると中国の南朝に成立した宋に朝貢して有利な立場を得ようとしました。それが、資料文❶で描かれている倭王武の遣使です。『宋書』倭国伝には、讃・珍・済・興・武の五王が使いを遣わしてきたことが記されており、倭王武は『宋書』と『日本書紀』の記述を読み合わせることで雄略天皇と比定されています。これを先の鉄剣・鉄刀銘と重ね合わせれば、武＝ワカタケル大王＝雄略天皇となります。

その倭王武が遣使したのは４７８年のことです。「辛亥年」の7年後ですね。上表文には「東は毛人を征すること五十五国、西は衆夷を服すること六十六国、渡りて海北を平ぐること九十五国」と述べられており、内外に軍事的支配を広げていた状況を反映しています。そして、宋の順帝に対して「安東大将軍倭王」の称号を求めました。**中国皇帝から、朝鮮半島南部での軍事的地位と、国内支配者としての地位を認めてもらおうとした**のです。

「治天下大王」としての自立

しかし、この遣使は期待していたような成果を上げられなかったようです。資料文❶に記されている称号をよく読むと、「百済」の国名が抜けていることに気づきます。宋は、百済が以前から朝貢していることに配慮して、「安東大将軍」の軍事的支配を認める領域から除外したのです。また、「安東大将軍」の称号も、ライバルである高句麗が賜っていた「車騎大将軍」の称号よりも格下でした。これでは意味がありません。

一方、資料文❹にあるとおり、百済は475年に高句麗にいったん滅ぼされています（『日本書紀』にはその際に雄略天皇が百済の復興に助力したとの記述があります）。こうしたなかで、大陸の先進的な「さまざまな技術」を持った「百済の人々が倭に渡来し」ました。ヤマト政権は、彼らを韓鍛冶部《からかぬちべ》・錦織部《にしごりべ》・史部《ふひとべ》などと呼ばれる技術者集団に組織して、鉄器の生産や機織り、文書の作成にあたらせました（古代・05で後述）。

こうなるともはや、わざわざ中国に遣使する必要がなくなります。実際に、資料文❶にあるとおり、478年の倭王武の遣使以降、7世紀初めの推古朝における遣隋使まで、中国への遣使は行われていません。

一方で、資料文❷にあるように、国内では「治天下ワカタケル大王」という呼称が用いられています。「天下」をワカタケル「大王」が自らの武力をもって「治」める。**「治天下大王」という呼称は、中国皇帝の権威に頼らずに国内支配を進めようとしたワカタケル大王の姿勢を示すものと捉えられる**でしょう。

解答例

5世紀後半のヤマト政権は、軍事力により地方豪族を服属させ、支配領域を関東から九州北部まで拡大する一方、鉄資源や先進的な技術を求めて朝鮮半島南部に進出した。こうしたなかで、ワカタケル大王は政治的・軍事的地位の承認を得るため宋に朝貢したが、百済の滅亡という状況も踏まえて冊封体制から離脱する道を選択し、渡来人を組織して大王を中心とする国内統治体制の構築を目指した。

musubime 歴史の結び目

前方後円墳の築造停止と外交方針の転換

さて、倭王武の遣使から１００年以上のブランクを経て、6世紀末から7世紀初めには遣隋使が送られます。遣隋使は「日出る処の天子、書を日没する処の天子に致す」という国書の文言が知られているとおり、それまでのように中国皇帝に朝貢し、称号を賜るのではなく、対等な立場を主張するものでした。この方針は遣唐使にも引き継がれます。

また、遣隋使の派遣が行われたこの時期には、ヤマト政権の中心である畿内でも前方後円墳が姿を消します。一斉に造られなくなるので、恐らく造営を停止する命令が出されたのでしょう。やがて7世紀半ばになると、八角墳という、その名のとおり八角形の墳墓が大王の陵墓として造られるようになります。前方後円墳は大王も豪族も築造したので、これを停止し、**大王の陵墓として新たに八角墳を造ることで、大王を豪族から抜きん出た存在として位置づけることを意図した**と考えられます。本問の冒頭で述べた、天武「天皇」の出現までもうすぐです。

外交方針の転換と、大王の位置づけの変化、この両者には密接な関係があります。次の問題では、その点について見ていきたいと思います。

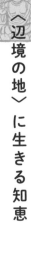

古代の外交政策のたて前と実際とは？

2003年度第1問

〈辺境の地〉に生きる知恵

「日本は外交音痴である」と、当の日本人が思い込んでいるフシがあります。日本は海に囲まれた島国で、外国との交流の経験が乏しいから、仕方がないのだ、と。しかし、例えば安倍晋三元首相が行っていた、あの憎めない顔で相手の懐に飛び込んでいく「トップ外交」は、内政に対する評価は抜きにして、お見事であったと言うべきです。

日本列島はアジアの辺境に位置しています。そして、すぐ近くには中国という大国がずっと存在していました。こうした地政学的な条件の下で、外交音痴ではやっていけません。中国の進んだ制度や技術を吸収しつつ、中国に対峙《たいじ》していく。むしろ、**日本は〈辺境の地〉にあったからこそ、外交能力が鍛えられた**と捉えるべきでしょう。それは、安倍元首相だけでなく、陸奥宗光《むつむねみつ》・小村《こむら》寿太郎《じゅたろう》など、欧米列強と互角に渡り合ってきた戦前の外交官の姿からもうかがわれます（近代・17で後述）。

ところで、日本人は「ホンネ」と「タテマエ」を使い分けるのが上手いと言われますが、これも極東の島国で培われた外交能力と関わります。「タテマエ」で相手との間合いをはかりながら、心の内にある「ホンネ」の欲求を満たしていく。それは、異文化交流のキモとも言えるものです。

次の東大日本史の問題は、「たて前（タテマエ）」と「実際（ホンネ）」を使い分ける古代朝廷の外交のあり方を通じて、私たちにそなわるコミュニケーション能力にも気づかせてくれます。

問題2

次の❶〜❹の8世紀の日本の外交についての文章を読んで、下記の設問に答えなさい。

❶ 律令法を導入した日本では、中国と同じように、外国を「外蕃《がいばん》」「蕃国《ばんこく》」と呼んだ。ただし唐を他と区別して、「隣国」と称することもあった。

❷ 遣唐使大伴《おおともの》古《こ》麻《ま》呂《ろ》は、唐の玄宗《げんそう》皇帝の元日朝賀（臣下から祝賀をうける儀式）に参列した時、日本と新羅《しらぎ》とが席次を争ったことを報告している。8世紀には、日本は唐に20年に1度朝貢する約束を結んでいたと考えられる。

❸ 743年、新羅使は、それまでの「調《みつぎ》」という貢進物の名称を「土毛《どもう》」（土地の物産）に改めたので、日本の朝廷は受けとりを拒否した。このように両国関係は緊張することもあった。

❹ 8世紀を通じて新羅使は20回ほど来日している。長屋王は、新羅使の帰国にあたって私邸で饗宴をもよおし、使節と漢詩をよみかわしたことが知られる。また、752年の新羅使は700人あまりの大人数で、アジア各地のさまざまな品物をもたらし、貴族たちが競って購入したことが知られる。

設問

この時代の日本にとって、唐との関係と新羅との関係のもつ意味にはどのような違いがあるか。たて前と実際との差に注目しながら、6行（180字）以内で説明しなさい。

（2003年度・第1問）

中華思想と冊封体制

問題に入る前に、前近代の東アジアにおける伝統的な国際秩序であった冊封《さくほう》体制と、その背景にあった中華思想（華夷《かい》思想）という世界観について説明しておきたいと思います。

まず、中華思想とは、文明の発祥地である黄河の下流域（現在の河南省《かなんしょう》一帯、「中原《ちゅうげん》」と言います）を、天下の中心である「華やかなる地」とみなす考え方です。この地を、天命を受けた天子が徳をもって治め、四囲の民を教化していきます。一方、その周辺に存在する異民族は、文化的に遅れた「化外《けがい》の民」である夷狄《いてき》（東夷《とうい》・西戎《せいじゅう》・南蛮《なんばん》・北狄《ほくてき》）です。このように、**古来中国では、天子をピラミッドの頂点として、内外における人や国の関係を垂直的な上下の視点で捉えてきました。**

このような見方は、外交秩序にも反映されます。夷狄の地にある周辺諸国（蕃国）は中国皇帝（天子）の徳を慕って来朝するという考えの下、周辺諸国の支配者は使節に貢物を持たせて朝貢し、これに対し、中国皇帝は爵位・称号を与えることで支配権を認める。こうして形成された、君臣関係に基づく国際秩序を冊封体制と言うのです。

日本列島に現れたクニ（小国家）の首長も、この秩序に参入する道を選んできました。1世紀半ばに奴国の王は後漢に使いを遣わして「漢委奴国王《かんのわのなのこくおう》」の称号とそれが刻まれた金印を賜り、3世紀前半には邪馬台国《やまたいこく》の女王・卑弥呼《ひみこ》が魏に使いを遣わして「親魏倭王《しんぎわおう》」の称号を賜っていますね。そして、前問で見たように、5世紀にはヤマト政権の倭の五王が南宋に朝貢しています。そこには、金属器をはじめとする大陸の先進的な文物を入手するとともに、中国皇帝から国内支配権を承認してもらうという狙い（ホンネ）がありました。

しかし、こうした外交方針を転換したのが6世紀末から7世紀初めに行われた遣隋使です。「日出る処の天子、書を日没する処の天子に致す」と、隋皇帝との対等な立場を表明した国書は、冊封体制からの自立を宣言するものでした。そして、8世紀の日本の朝廷は、この方針を受け継いだうえで、さらに雄大な構想を抱いていたことが、問題の資料文から読み取れます。

日本版華夷秩序の形成を目指した朝廷

資料文❶には、日本の朝廷が外国を「外蕃」「蕃国」、唐を「隣国」と称したことが記されています。次ページの図のように、**朝廷は唐の冊封体制から自立する一方で、国内の異民族である蝦夷《えみし》・隼人《はやと》や、朝鮮半島を統一した新羅、7世紀末に中国東北部に成立した渤海《ぼっかい》を従えた、日本版華夷秩序の形成を目指した**のです。

まず、唐との関係では、大宝律令が完成した翌702年、粟田真人《あわたのまひと》を執節使とする一行が唐に送られました（大宝の遣唐使）。669年以来、実に33年ぶりの遣唐使です。日本の朝廷は663年の白村江《はくそんこう》での大敗後、対外的な脅威がさらに強まるなかで、天智天皇・天武天皇の下で強い国づくりに専念していました。そして、藤原京への遷都（694）・大宝律令の編纂（701）と中央集権体制を整えたところで、満を持して使いを唐に送ったのです。

その自信は、真人が自らを「日本国の使者である」と名乗ったことにも表れています。冊封体制下では、国号とは自ら名乗るものではなく中国皇帝から与えられるものです。今一度資料文❶を見ると、冒頭に「律令法を導入した日本」とあります。同じ律令国家どうし、対等な立場でお付き合いしましょうというのが「たて前」だったのです。もっとも、その

唐と日本の関係

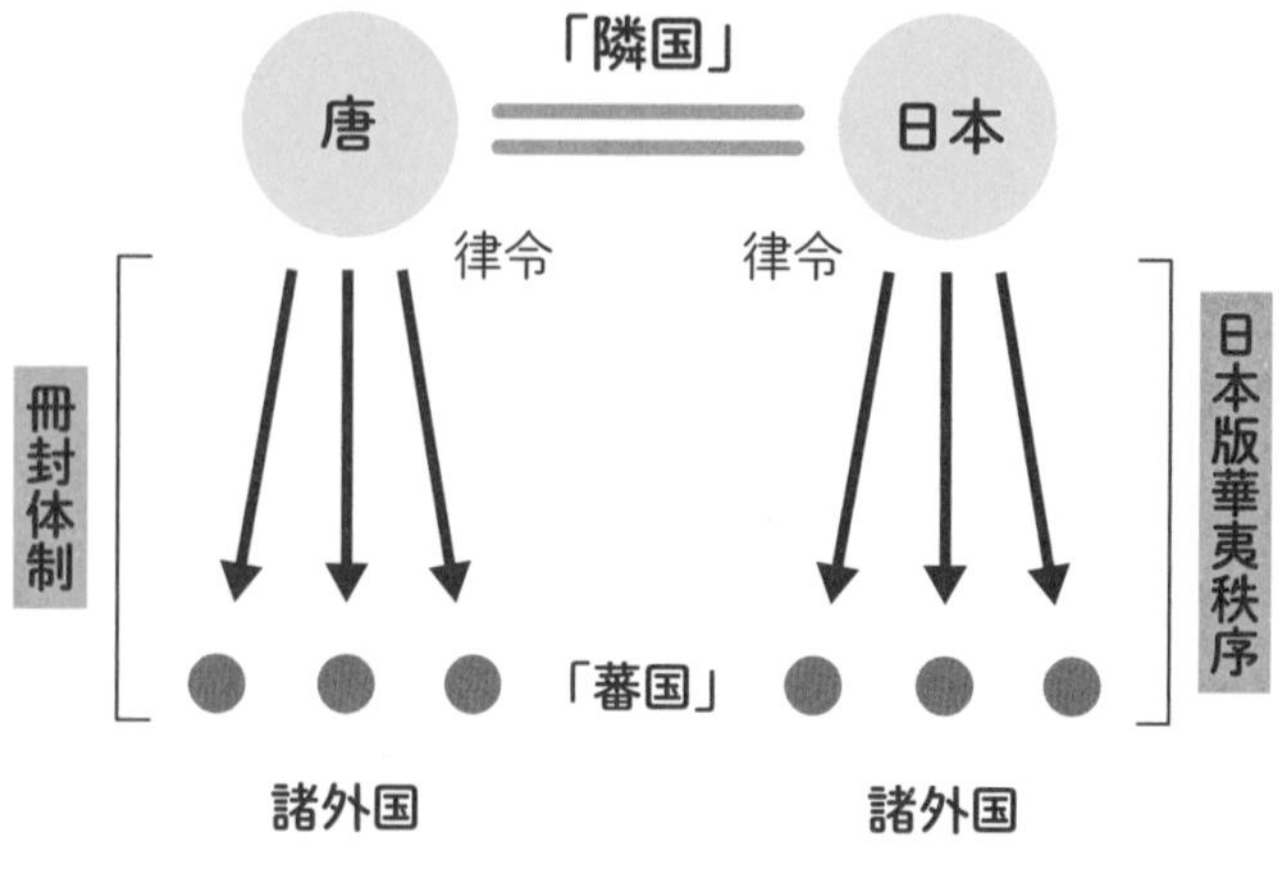

律令は唐を模倣したものなのですが。

次に、新羅との関係では、新羅のほうから日本の朝廷に朝貢してきました（新羅使）。白村江の戦いのあと、新羅は６６８年に高句麗を滅ぼして朝鮮半島を統一しましたが、一方で、唐との軍事同盟が決裂したことから、新羅は唐への対抗上、日本の朝廷に対して下手《したて》に出たのです。また、唐・新羅にはさまれた形の渤海も、軍事的な思惑から日本の朝廷に朝貢しています（渤海使）。日本の朝廷としては願ったり叶ったりでした。

このように、東アジア情勢に恵まれる形で日本版華夷秩序は完成を見ます。しかしそれは、**中国（唐）を模倣しながら中国（唐）からの自立を図る**という、屈折したものでした。そして、その姿勢は、明治時代には欧米列強に、戦後はアメリカに置き換わる形で繰り返されています。

ちなみに、唐の都長安で先進的な文物や制度を見た大宝の遣唐使の一行は、自国の不備な点や時代遅れな点を痛感します。帰国後、和同開珎《わどうかいちん》の鋳造（７０８）・平城京の建設（７１０）・養老律令の編纂（７１８）と矢継ぎ早に国家事業が行われたのは、けっして偶然ではありません。対等・自立という「たて前」を維持するのも大変なのです。

「タテマエ」をすり抜ける軽やかさ

「たて前」としての日本版華夷秩序は分かりました。では、「実際」はどうだったのでしょうか？　資料文❷からは、日本の使節が「臣下」として「朝貢」していたことが読み取れます。しかも、新羅と席次を争うこともあったと言います。これは、唐が日本を「蕃国」として扱い、日本もそのようにふるまっていた、ということです。対等という「タテマエ」と、波風が立たないようにという「ホンネ」の使い分けが、見事に発揮されています。

ですが、779年に唐から答礼使が来日した時には、ちょっとした緊急事態が生じました。唐皇帝の国書を携えた使者と、天皇とが対面する場面で、ごまかしは利きません。この時は、天皇（時の光仁《こうにん》天皇）が御座を降りて国書を受け取るということで事なきを得ました。

また、新羅との間でも、資料文❸を読む限り、「たて前」と「実際」の間で緊張が走っていたようです。先述のとおり、新羅が日本に朝貢してきた背景には唐の脅威がありましたが、730年代には唐との間で生じていた国境問題も解決したため、朝貢の必要は薄れていました。「調」という貢進物の名称をたんなる土産物である「土毛」に改めたというのは、もう下手《したて》に出たりしません、これからは対等でお願いしますという、新羅の側からの意思表示でした。華夷秩序という「たて前」を守りたい日本の朝廷はこれを拒否します。７５０年代には、時の権力者である藤原仲麻呂によって、新羅征討計画が立てられたこともありました。

一方で、こうした国のメンツに関わる「たて前」とは関係なしに、文化面や交易面での私的な交流が活発化していたことが、資料文❹からうかがわれます。中国の漢詩が東アジア世界共通の教養となり（古代・05で後述）、日本の貴族と新羅の使節の間で詠み交わされているというのが面白いところです。

また、渤海との交流もしだいに貿易が中心になり、熊や貂《てん》（イタチ科で小型の肉食獣）などの皮革製品が都の貴族たちに喜ばれています。当時の遣唐使は、東シナ海の真ん中を突っ切るルート（南路・南島路）を通っていたので危険も多く、阿倍仲麻呂《あべのなかまろ》のように、帰国できず唐で没する者もいました。そうしたなかで、比較的穏やかな日本海で結ばれた渤海との交流は、大陸へのアクセスを補完する役割も果たしていたのです。

ところで、資料文❹が取り上げている７５２年と言えば、日本と新羅との緊張関係が最も高まっていた時期ですが、それにもかかわらず、貴族たちは新羅使がもたらした産品を競って購入しています（ちなみにこの年には東大寺に造立された大仏の開眼《かいげん》供養が盛大に行われ、新羅使もこれに参列しました）。いつの時代にも、国家間の「たて前」を軽やかにすり抜けて行われる私的な交流が、対外関係の安定に貢献してきたのです。

解答例

唐にならって律令を完成させた日本の朝廷は、たて前上は唐の皇帝の冊封を受けず、隣国として対等な立場を主張したが、実際は唐から朝貢国の扱いを受けた。新羅は、7世紀後半に唐との対立から日本に「調」を貢進し、日本も蕃国と位置づけた。8世紀になり唐の対外的脅威が緩和されると、新羅が日本への朝貢を拒否したことで両国の関係は緊張したが、交易や私的な文化交流は活発化した。

musubime

歴史の結び目

日本人の学びの良さと、「完コピ」へのあくなき姿勢

時計の針を戻して、600年の遣隋使に関する『隋書』倭国伝の記述を読むと、何とも摩訶不思議なことが書かれています。隋の文帝が倭国の政治制度などについて使者に質問したところ、「天が兄、太陽が弟で、夜中に政務を行って日の出とともに仕事を終えます」という回答だったので、文帝は理を弁《わきま》えていないとしていろいろ教えた、と言うのです。恐らく政治制度の未熟さを比喩的に表現したものでしょう。『日本書紀』には600年の遣使自体の記述が

ないのですが、とんだ恥をかかされたために記さなかったというのが、通説となっています。

しかし、筆者はこの使者の回答は隋の進んだ制度を学ぶためのタテマエだったのではないかと考えています。実際に、600年の遣使後、冠位十二階の制（603）・十七条憲法の制定（604）など、飛鳥の朝廷では改革が進められました。**タテマエとしてへりくだる姿勢を見せて、本当にほしいもの（ホンネ）を引き出す。**今でも「浅学なもので」と自らを卑下したうえで、「何とぞご教示願います」などと頭を下げます。それこそが日本人の学びの良さと言えます。

一方で、「たて前」として中国（隋・唐）との対等な立場を主張するには、中国の制度を「完コピ」する必要があります。先に述べた、大宝の遣唐使後に都城や貨幣を作り直したというのは、そういうことと捉えられるでしょう。

古代の朝廷は、唐という強国を前に、中央集権体制の確立を目指しました。その動機としてあるのは、唐に負けない国をつくるということでした。ですが、それゆえにこそ、そこには「完コピ」を目指すあくなき姿勢も見て取れます。次の問題では、古代の朝廷が建設した巨大道路を通じて、その点について考えたいと思います。

朝廷はなぜ巨大道路を建設したのか？

2000年度第1問

高速道路4車線分の古代道路

東京都国分寺市で幅約12メートル、長さ約４９０メートルにもおよぶ古代道路跡が１９９５年に発見され、現在は一部が歩道形式で保存されています。次ページの写真をご覧のとおり、車道よりも歩道のほうが幅が広いという、事情を知らない人にとっては奇妙な光景です。

この道路は、東山道《とうさんどう》から武蔵国府《こくふ》（現在の東京都府中市にありました）にいたる支路で、東山道を西に行けば都（平城京）までたどりつきます。古代の朝廷は、都と各国府を結ぶ官道（駅路）を整備しました。かつては自然発生的に道となったと考えられていましたが、現在では各地での発掘調査の結果、側溝をともなった直線道路が建設されていたことが明らかになっています。

それにしても、**幅12メートルと言ったら現代の高速道路4車線分弱**です。古代の朝廷は、なぜこのような巨大道路を造ったのでしょうか？　そして、その道路はなぜ消えてしまったのでしょうか？　それは、前問の終わりで述べた、古代の朝廷が目指した中央集権体制と、それに付随する唐の文物・制度の「完コピ」へのあくなき姿勢に関わります。都と地方を結ぶ駅路の実態を問うた、次の東大日本史の問題を通して考えてみましょう。

東山道武蔵路跡（武蔵国分寺跡資料館、平成22年撮影）

問題3

律令国家のもとでは、都と地方を結ぶ道路が敷設され、駅という施設が設けられて、駅制が整備された。発掘の結果、諸国の国府を連絡する駅路のなかには、幅12メートルにも及ぶ直線状の道路があったことが知られるようになった。

次の❶〜❺の文章を読んで、下記の設問に答えよ。

❶ 山陽道（都と大宰府を結ぶ道）の各駅には20頭、東海道と東山道の各駅には10頭、その他の4つの道には駅ごとに5頭の馬を置いて、国司に監督責任を負わせた。

❷ 反乱や災害・疫病の発生、外国の動向などは、駅馬《えきば》を利用した使者（駅使《えきし》）により中央に報告された。藤原広嗣《ふじわらのひろつぐ》の反乱の情報は、5日目には都に報告されていた。

❸ 737年、疫病の流行と干ばつにより、高齢者などに稲を支給することを命じた詔が出された。但馬国《たじまのくに》が中央に提出した帳簿には、この詔を伝えて来た隣国の駅使と、次の国へ伝える但馬国の駅使に対して、食料を支給した記録が残されている。

❹ 駅長（駅の責任者）は、調・庸・雑徭《ぞうよう》を免除され、駅馬や鞍の管理を行った。また、駅子《えきし》（駅での労役に従事させるために設定した駅戸の構成員）は庸と雑徭を免除され、駅馬の飼育に従事

し、駅長とともに、駅使の供給（必要な食料の支給や宿泊の便宜を提供すること）にあたった。

❺ 駅馬を利用する使者は、位階に応じて利用できる馬の頭数が定められていた。しかし、838年には、都と地方を往来するさまざまな使者が、規定より多くの駅馬を利用することを禁じる太政官の命令が出された。

設問

A 律令制のもとで、駅は、どのような目的で設置されたと考えられるか。山陽道の駅馬が、他の道に比べて多いことの背景にふれながら、3行（90字）以内で述べよ。

B 850年に、太政官は、逃亡した駅子を捕えるようにとの命令を出した。なぜ駅子は逃亡したのか、4行（120字）以内で説明せよ。

（2000年度・第1問）

情報伝達の手段としての駅路

古代の朝廷が整備した官道には、都と各国府を結ぶ駅路と、地方の郡家《ぐうけ》（郡の役所）どうしを結ぶ伝路とがありました。伝路が自然発生的な道を整備していったものであるのに対し、駅路は集落の存在や地形さえも無視して直線的に建設されたと考えられています。伝路と駅路の関係は、土着の地方豪族の勢力範囲に合わせて設定された郡と、中央政府である朝廷が設定した行政区画としての国の関係に対応しています。

本問で問われているのは駅路のほうです。**駅路には、地方行政区分に即して、東海道・東山道・北陸道・山陰道・山陽道・南海道・西海道の7本（七道）がありました。**これらは、「都と大宰府を結ぶ」（資料文❶）山陽道は重要であるため大路、東海道と東山道は東国の支配と蝦夷《えみし》の征伐に必要とされるため中路、それら以外は内政的な問題に限られたため小路に分類されています。

駅路には、中継点として30里（古代では約16キロメートルでした）ごとに駅（駅家《えきか》）が設けられました。駅は国司の管理下に置かれましたが、実務にあたったのは、班田農民（戸籍に登録され、班田収授法に基づいて口分田を班給された農民）から選ばれた駅長および駅子です。資料文❶・❹

にもあるとおり、駅には駅馬が常備され（大路では20頭・中路では10頭・小路では5頭）、駅子が駅長とともにその飼育・管理に従事しました。駅子は「駅使の供給」も任されていたわけですから、相当な負担だったでしょう（この点については設問**B**に関係します）。

駅や駅馬を利用できるのは駅鈴《えきれい》と呼ばれる乗用資格証明を持つ公用の役人のみで、一位は10頭、三位以上は8頭などと、利用できる頭数が位階によって定められていました。駅鈴は厳重に管理され、公用の終了後に返却を怠った者に対する罰則規定があったほどです。また、駅馬は次の駅家についたら必ず乗り換えなければならず（前の馬は前の駅から従って来た駅子が引いて帰りました）、これにも罰則がありました。

このように、駅や駅馬の使用が公用の役人に限定され、しかも、厳格な規定が定められていたのは、**A**が問う駅が設置された「目的」とも関連しています。

資料文を読んでみましょう。❷からは反乱や災害などの地方の情報を収集するため、❸からは詔勅を各国に伝えるために駅馬が利用されていたことが分かります。古代の朝廷は、唐という強国に対峙《たいじ》し、緊迫する東アジア情勢に対応するために、国郡里制という中央集権的な地方支配制度を築き上げました。しかし、それを中身のともなったものとするには、各地の動向を的確に把握し、命令を迅速に伝えることが必要です。情報が国家統治のカギを握っていることは、古代も現代も変わりません。**古代の朝廷は、中央集権体制を維持するための迅速な情報**

伝達手段として、駅路を建設したのです。

朝廷の威勢を内外に誇示する役割

それにしても、情報伝達のためだけとしては、12メートルという道幅は広すぎます。何か他の意味合いがあるはずです。例えば、軍事目的ということも考えられるでしょう。古代ローマでも中国でも、軍用道路が建設されています。しかし、それならば山陽道ではなく、蝦夷征伐に向かうための駅路である東海道・東山道を大路としたはずです。

ここは、資料文❶の冒頭に何気なく書かれている、「山陽道（都と大宰府を結ぶ道）」というただし書きに何か意味があるのでは……と考えましょう（東大日本史では、こういう何気ない言葉が解答のカギになることが多々あります）。

次ページの地図を見れば一目瞭然のように、七道のうち、現在の九州地方にあたる西海道だけが宮都のある畿内から離れています。そこで、西海道の9国（筑前・筑後・豊前・豊後・肥前・肥後・日向・大隅・薩摩）と3島（対馬・壱岐・多褹《たね》「種子島」）の支配を統括する朝廷の出先機関として、大宰府が置かれました（福岡県太宰府市）。大宰府は、委譲された権限の大きさから「遠《とお》の朝廷《みかど》」と呼ばれ、発掘調査により、平城京と同じく碁盤目状の条坊制が整備されていたことが確認されています。

　大宰府には、辺境の防衛という大きな役割がありましたが（おもに東国の班田農民から徴発された兵士が防人《さきもり》の任にあたりました）、それとともに、外交機関としての役割も与えられました。新羅《しらぎ》などからの使節を歓待する施設として、大宰府に隣接して鴻臚館《こうろかん》が設けられています（福岡市）。そして、外国の使節は山陽道を通って都まで行きました。

　もうお気づきでしょう。**幅12メートルという巨大直線道路は、外国の使節に日本の朝廷の威勢を見せつけるためのものだった**のです。実際に、都と大宰府とは最短で4日4晩で走破できましたが、外国使節の往来の場合は駅ごとに饗応を繰り返し、1か月近くかかったとの記録もあります。

古代の行政区分

そして、見せつけるというのは国内の班田農民に対しても同じです。何もなかったところに大きな直線道路が造られる。そこに、人びとも朝廷の力を感じずにはいられなかったでしょう。駅路には、情報伝達という実質的な意味とともに、権勢の誇示という象徴的な意味もあったのです。

ですが、これを裏返せば、中央集権体制を維持するには、国家としてのメンツを立てなければならないし、莫大なコストもかかるということを示しています。

駅路の衰退

そうした観点から、駅子が逃亡した理由を問う**B**の問題を考えると、たんに逃げ出した駅子の事情というだけでなく、中央集権体制の維持が困難になりつつあったという背景に行きつくはずです。

資料文❹にあるとおり、駅子は庸・雑徭を免除されましたが、その負担の軽減を上回ると思われる駅馬の飼育や駅使の供給という仕事が待っていました。しかも、駅子を出した戸は正《せい》丁《てい》（21～60歳の成年男子）1人分の労働力を奪われてしまうわけです（明治時代の徴兵制においても、民衆が反対した理由の一つがこの点でした。近代・16で後述）。逃げたくなる気持ちも分かります。

しかし、それだけではなく、逃げたくなったら逃げられるという状況も考慮に入れるべきでしょう。平安時代に入った9世紀には、個別人身支配、つまり、戸籍によって班田農民を縛りつけることができなくなっていました。

それは、律令が機能不全に陥っていたということでもあります。資料文❺にある「規定より多くの駅馬を利用することを禁じる太政官の命令が出された」との記述からも、そのことはうかがえるでしょう。厳格に規定されていた駅と駅馬の利用方法が、役人にも守られなくなっているのです。役人に不正利用されれば駅子の負担は余計に増します。駅子がそろって家族ともども逃亡した駅などもありました。

結局、**古代の朝廷の力によって維持されてきた駅路は、その力が弱まれば衰微せざるを得ませんでした。** もともと現地の実情を無視して建設された駅路は、平安時代には生活に根ざした伝路にとって代わられます。存続した駅路も多くのものは6メートル幅に縮小されました。

じつは、平城京も駅路と同じ運命をたどります。784年の長岡京遷都、794年の平安京遷都のあと、平城京域は興福寺や東大寺のある東張出部分を除いて田地と化していきました。権力によって造られたものは、権力によって造られたものであるがゆえに脆く儚いのです。

解答例

A 駅路によって都と各国府は結ばれ、中央政府の発した詔勅や地方の情報を迅速に伝えるなど中央集権体制を支えた。特に、大宰府と都を結ぶ山陽道は外交使節の歓待や威勢の誇示の役割も果たした。

B 駅子は庸・雑徭の負担を免除されたが、戸は貴重な労働力を奪われただけでなく、駅使への食料の供給や宿舎の提供など負担が重かった。そのため、律令制の動揺とともに個別人身支配が緩みだした9世紀には、駅使の不正使用などもあって駅子の逃亡が増加した。

musubime

歴史の結び目

中央集権体制と「完コピ」をやめる

「すべての道はローマに通ず」の言葉のとおり、洋の東西を問わず、古代国家は統治のため道路建設を行いました。中国においても、秦の始皇帝の手によって車輪の幅を統一した全国的な道路網が整備されたことがよく知られます。同じ律令国家として対等な立場を主張する日本の朝廷（古代・02参照）としては、それを「完コピ」して都と地方を結ぶ道路を建設し、外国の使節に見せつけることが必要でした。

しかし、そのようにして中央集権体制を維持するのには、莫大なコストがかかります。現実問題として、奈良時代（8世紀）の段階から班田農民の浮浪・逃亡が相次ぎ、それにともなって税収も減少して財政が悪化していました。一方、唐は安史《あんし》の乱（755～763）を機に衰退を始め、対外的な危機も薄れつつありました。そもそも、中央集権体制は唐の脅威に対処するためにとられたものです。その脅威が去れば、財政も厳しい状況で、無理に中央集権体制を維持する必要はなくなります。

また、「完コピ」には一つ問題点があります。それは、**中国の風土に根ざしてつくられたものが、そのまま日本の風土に定着することはない**、ということです。律令制度も、中国の社会に応じてつくられたものですから、日本の社会に合わない面が多々ありました。そこで、平安初期（8世紀末～9世紀）には補足法令として格式《きゃくしき》を編纂し、新たに律令の規定にはない官職として令外官《りょうげのかん》を設けるなど、実情に即した形での改革が行われました。

このようにして中央集権体制と「完コピ」にこだわる姿勢を捨てたところに生まれた、古代日本特有の政治体制が、藤原氏による摂関政治です。そして、摂関政治は天皇の皇位継承にも深く関わります。次の問題では、この摂関政治について考えましょう。

皇位継承はどのようにして確立されたか？

2021年度第1問

摂関政治を天皇家の立場から捉え直す

摂関政治については、「藤原氏が娘を中宮（皇后）として、摂政・関白の立場から天皇に代わって実権を握った」のように学校の授業で習った記憶のある方が多いかと思います。

たしかに、藤原氏の権力の源泉は天皇との外戚（母方の親戚）の立場です。摂政・関白の地位にあるはずの藤原《ふじわらの》実頼《さねより》・頼忠《よりただ》が、朝廷の人びとに軽視された理由を問う、1983年度の東大日本史の問題をご存じの方もいらっしゃるかもしれません（シリーズ1作目の『歴史が面白くなる 東大のディープな日本史』「KADOKAWA」に収録しました）。実頼や頼忠は娘や妹を中宮として送り込んでいたわけではなかったので、摂政や関白の地位も名ばかりだったのです。

しかし、藤原氏が外戚の立場から天皇に代わって実権を握ったと言っても、それは単純に「天皇は外戚の藤原氏に実権を奪われた」ということを意味するわけではありません。天皇家と藤原氏（本来は「摂関家」とすべきところですが、本書では「藤原氏」とします）はウィン－ウィンの関係にあり、藤原氏に政治の実権を委ねる代わりに、天皇家は最も重要なものを手に入れたと捉えることもできます。

天皇家にとって最も重要なこと、それは、皇位継承の安定です。

私たち現代人から見ると、親（父）から子に天皇の位が継がれる（嫡子継承）というのは、あまりに自然で、有史以来ずっと続いてきたように思えます。しかし、古代史を眺めれば、7世紀後半には壬申の乱（672）という皇位継承争いがありましたし、8世紀の奈良時代には政争に巻き込まれるなかで多くの皇子《みこ》が亡き者とされました。そうした紆余曲折を経て、9世紀半ばに始まる摂関政治によって、嫡子継承が軌道に乗るのです。

次の東大日本史の問題は、2021年度に出題されたものです。平成から令和への改元にあたっては、皇位継承のあり方が国民的議論となり、今も続いています。本問を出題された東大の先生方も、少なからず意識されていたことでしょう。摂関政治が皇位継承の安定に果たした役割を見ることで、これからの天皇や皇室のあり方を考える手がかりとしたいと思います。

問題4

次の❶～❺の文章を読んで、下記の設問に答えなさい。

❶ 842年嵯峨《さが》上皇が没すると、仁明《にんみょう》天皇を廃して淳和《じゅんな》天皇の子である皇太子恒貞《つねさだ》親王を奉じようとする謀反が発覚し、恒貞親王は廃され、仁明天皇の長男道康《みちやす》親王（文徳《もんとく》天皇）が皇太子に立てられた。以後皇位は、直系で継承されていく。

❷ 嵯峨・淳和天皇は学者など有能な文人官僚を公卿に取り立てていくが、承和《じょうわ》の変の背景には、淳和天皇と恒貞親王に仕える官人の排斥があった。これ以後、文人官僚はその勢力を失っていき、太政官の中枢は嵯峨源氏と藤原北家で占められるようになった。

❸ 文徳天皇は、仁寿《にんじゅ》年間以降（851～）、内裏の中心である紫宸殿《ししんでん》に出御《しゅつぎょ》して政治をみることがなかったという。官僚機構の整備によって天皇がその場に臨まなくても支障のない体制になったためだと考えられる。藤原氏の勧学院、在原氏や源氏の奨学院など、有力氏族は子弟のための教育施設を設けた。

❹ 858年清和天皇はわずか9歳で即位した。このとき外祖父で太政大臣の藤原良房《ふじわらのよしふさ》が実質的に摂政となったと考えられる。876年に陽成《ようぜい》天皇に譲位する時に、清和天皇は藤《ふじ》

❺ 原基経《わらのもとつね》を摂政に任じ、良房が自分を補佐したように陽成天皇に仕えよと述べている。
清和天皇の貞観《じょうがん》年間（859〜876）には、『貞観格《きゃく》』『貞観式』が撰定されたほか、唐の儀礼書を手本に『儀式』が編纂されてさまざまな儀礼を規定するなど、法典編纂が進められた。

設問

9世紀後半になると、奈良時代以来くり返された皇位継承をめぐるクーデターや争いはみられなくなり、安定した体制になった。その背景にはどのような変化があったか。5行（150字）以内で述べなさい。

（2021年度・第1問）

藤原道長が関白とならなかった理由

設問で言う「安定した体制」とは、もちろん摂関政治のことです。9世紀半ばに始まった摂関政治により、「奈良時代以来くり返された皇位継承をめぐるクーデターや争い」は見られなくなるわけですが、その「背景」にあった「変化」が本問では問われています。そこで、解答の前提として、摂関政治がどのような政治形態であり、どのようにして成立したのかを説明しておきましょう。

まず、摂政・関白という地位についてですが、摂政は、幼少の天皇などに代わって政務を執り行う者のことです。もとは厩戸王《うまやとおう》など天皇家の者（皇子）が就くものでしたが、資料文❹に出てくるとおり866年に藤原良房が皇族以外の者としてはじめて摂政となりました。外孫の清和天皇がわずか9歳で即位したことを受けて、政務を代行する地位に就いたのです。

一方、関白は天皇が成人したあとに後見役として万機に「関《あずか》り白《もう》す」者のことです。884年に光孝天皇の即位に際して藤原基経（良房の養子）が事実上の関白となり、887年の宇多天皇の詔ではじめて関白の語が用いられました。

ここで注意してほしいのは、**摂政・関白はともに律令における規定がない、つまり、具体的な権限をともなっていない**、ということです。例えば、重要政務を審議する陣定《じんのさだめ》に摂政・関白は参加しない慣習でしたし、貴族の人事を決める除目《じもく》の席でも最終決定に目を通すだけでした。あくまでも、天皇の個人的な補弼《ほひつ》者、という位置づけだったのです。だからこそ、冒頭で述べたとおり、天皇の外戚の立場にはない藤原実頼や頼忠は摂政・関白であっても実権がありませんでした。

逆に、名ばかりの地位ならば要らないと言う人物もいました。それが藤原道長です。道長は4人の娘を中宮や皇太子妃とし、「御堂《みどう》関白」と呼ばれるほど権勢をほしいままにしましたが、関白の座に就いたことはなく、摂政の地位にあったのも晩年の1年限りでした。一方で道長は、左大臣の地位を手放そうとはしませんでした。左大臣は太政官制における事実上の最高責任者で（太政大臣は常任でない「則闕《そっけつ》の官」で、名誉職のようなものでした）、陣定や除目でも決定事項を執筆する「一上《いちのかみ》」の任を果たしました。道長はまた、天皇に奉る文書や天皇が裁可する文書に事前に目を通すことのできる、内覧という地位にも就いています。名ばかりの摂政・関白ではなく、実のある左大臣・内覧の地位を、道長は選んだのです。

律令制の「完コピ」をやめたところに成立した摂関政治

以上の説明のとおり、摂政・関白は言わば天皇に寄生する立場にあったわけですが、それでは、その摂政・関白を中心とする政治、つまり、摂関政治とはどのような政治形態だったのでしょうか？

端的に言うと、「太政官のシステムに依拠して政治が行われた」ということになります。

東大の先生方が中心になって執筆された高校用教科書『詳説日本史』（山川出版社）では、次のように説明されています。やや長いですが引用しましょう。

政治の運営は、摂関政治のもとでも天皇が太政官《だいじょうかん》を通じて中央・地方の官吏《かんり》を指揮し、全国を統一的に支配するかたちをとった。おもな政務は太政官で公卿《くぎょう》によって審議され、多くの場合は天皇（もしくは摂政）の決裁を経て太政官符《だいじょうかんぷ》・宣旨《せんじ》などの文書で政策が命令・伝達された。外交や財政など国政に関わる重要な問題については、内裏《だいり》の近衛《このえ》の陣《じん》でおこなわれる陣定《じんのさだめ》という会議で、公卿各自の意見が求められ、天皇の決裁の参考にされた。

律令制下では、天皇を頂点に太政官の組織がつくられ、そこで政治が行われました。それは摂関政治においても変わりません。公卿［注］たちの合議によって決定された事項は、最終的に天皇（天皇が幼少の場合は代行者である摂政）に判断を仰ぎます。そして、決裁されると、天皇や太政官の命令を伝える文書である宣旨や、太政官が管轄下にある中央の諸官庁や地方の諸国に命令を下す太政官符を通じてその決定が伝えられ、実行されました（このとおり、現代の組織にも見られる文書主義は、古代に始まったものです）。

このような政策決定から実行にいたるプロセスにおいて、代行者・後見者の立場から天皇の決裁に関与したのが摂政・関白でした。だから、摂関政治では「太政官のシステムに依拠して政治が行われた」と言えるのです。また、天皇が決裁するものには官司《かんし》の任免も含まれます。**摂政・関白は太政官のシステムにおける人事権を握ることで、中下級貴族に対して絶大な権力を振るった**のです。

ところで、太政官のシステムが導入されたのは奈良時代初め（8世紀初め）の大宝律令・養老律令においてですが、完成したということになれば平安初期（8世紀末~9世紀）と見るべきでしょう。前問の最後で述べたとおり、中国の社会・風土に即してつくられた律令をそのまま導入しても、日本の社会には適しません。そこで、平安初期には、補足法令である格式《きゃくしき》の編纂や、律令の規定にはない令外官《りょうげのかん》の新設などが行われ、「完コピ」をやめて実情に即した改革が進められたのです。例えば、嵯峨天皇の時代に設けられた検非違使《けびいし》は、従来の太政官の組織では管轄がバラバラであった警察・裁判業務を統合し、効率化・迅速化を図るものでした。

そのようにして完成した太政官の組織にのっとって行われたのが摂関政治です。その意味で、**摂関政治とは、中国の「完コピ」をやめることで成立した、日本的な政治形態であった**と言えるでしょう。

［注］公卿……太政官制において国政を担う最高幹部のこと。太政大臣・左大臣・右大臣・内大臣が公《こう》、大納言・中納言・参議・三位以上の者が卿で、合わせて公卿。上達部《かんだちめ》とも言う。

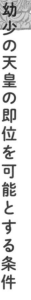

幼少の天皇の即位を可能とする条件

そして、完成した太政官の組織の上に摂関政治が行われることで、父（天皇）から嫡子（皇太子）への皇位継承が軌道に乗ることになります。この点について、問題で与えられた資料文を読みながら具体的に見ていきましょう。

資料文❶は、842年に生じた承和の変と呼ばれる政変についての記述です。教科書などでは藤原氏が橘逸勢《たちばなのはやなり》・伴健岑《とものこわみね》ら他氏を排斥した事件として説明されていますが、皇位継承という点からも画期となる事件でした。

9世紀前半には、嵯峨天皇の系統と淳和天皇の系統で交互に皇位に就く状況が生じていました。こうしたなかで、淳和の子である恒貞親王の側近であったのが橘逸勢らです。一方、嵯峨の子である仁明の女御《にょうご》であったのが藤原良房の妹である藤原順子《ふじわらのじゅんし》であり、仁明と順子の間には道康親王が生まれていました。承和の変では、橘逸勢らが謀反を企てたという理由で逮捕され、恒貞は廃太子、代わって道康が皇太子に立てられます。資料文❷からは、淳和系の官人が排斥され、太政官の中枢が嵯峨源氏と藤原北家（藤原氏）で占められるようになったことが読み取れますね。こうして、藤原氏の後見を得ることで、皇位継承は嵯峨系に一本化されるのです。

道康親王は850年に文徳天皇として即位しますが、資料文❸では文徳が「内裏の中心である紫宸殿に出御して政治をみることがなかった」ことが述べられています。それが可能となったのも、「官僚機構の整備」、つまり、太政官のシステムが完成したことで、天皇が政治の場に臨まなくても支障がなくなったからです。それはまた、政治の運営を天皇個人の能力や経験値に頼る必要がなくなったということも意味しています。幼少の天皇が即位する条件が整ったのです。

資料文❹にあるとおり、858年に清和天皇がわずか9歳で即位します。清和は、文徳と良房の娘である明子《あきらけいこ》との間に生まれた子です。そこで、清和の外祖父にあたる良房が政務を代行することとなりました。これをもって良房は実質的に摂政となったと考えられています。清和は876年に子の陽成に譲位しますが、陽成はこの時やはり9歳です。そして、良房の養子になっていた基経が後見しました。

資料文❺では、清和天皇の貞観年間に格式・儀式など法典編纂が進められたことが述べられています。幼少の天皇を支える太政官のシステムの強化が求められたのでしょう。しかし、天皇の後ろ盾には藤原氏がいます。こうして、**藤原氏が政治の実権を握り、天皇家は皇位継承を安定させるというウィン‐ウィンの関係が成立した**のです。

解答例

9世紀後半には、官僚機構の整備や法典の編纂が進められたことで、国政の運営を天皇個人の能力や経験に頼る必要がなくなった。こうした中で藤原北家が外戚の立場から摂政・関白として政務を代行・後見することで、幼少の天皇でも即位が可能となり、藤原北家・嵯峨源氏に支えられた嵯峨直系による皇位の嫡子継承が安定した。

musubime

歴史の結び目

「完コピ」をやめたのは政治だけではない

藤原氏の後見により安定したかに見えた皇位継承でしたが、そこには一つの弱点がありました。それは、中宮がお世継ぎの皇子を産まないというリスクの存在です。実際に、道長の子である頼通は外祖父となることができず、引退後には藤原氏を外戚としない後三条天皇が即位して親政を行いました。そして、11世紀後半に院政を開始したのが後三条の子の白河です。

院政では、父方である上皇が天皇の後見人として政治の実権を握るという点で、母方の藤原氏に頼らなくて良い分、お世継ぎを確保しやすいと言えます。端的に言えば、藤原氏が母親でなくてもかまわないわけです。院政が19世紀半ばの江戸時代の終わりまで続き、その間、少なくとも嫡子の不在を理由とする問題が生じることはなかったという事実は、**院政が皇位継承という点で優れたシステムであった**ことを示しています。

なお、政治形態としての摂関政治から院政への移行については、古代社会から中世社会への変化と関わることですので、中世・09で改めて説明します。

さて、摂関政治は律令の「完コピ」をやめたところに成立した日本的な政治形態でしたが、「完コピ」をやめたのは政治だけではありません。次の問題では、漢字文化の受容という面からその点について見たいと思います。

ディープな日本史 05

古代社会で文字が果たした役割とは?

2020年度第1問

漢字による支配、漢字による文化

少しだけ日本史から離れてお話をさせてください。情報伝達の媒体としてのメディアは、その伝達の形式によって私たちの思考に影響を与えます。第二次世界大戦後にメディア論で世界的に注目された、カナダ出身の英文学者で文明批評家のマクルーハンは、メディアは人類の歴史において、①聴覚系メディア→②視覚系メディア→③電気系メディアという発展段階をたどり、それぞれのメディアとしての特性が社会の基本的なしくみを決めてきたと説きました。

最初の①聴覚系メディアの段階では、例えば村の長老が肉声で村人たちに知恵を授けるといったように、伝達される範囲は限られますが、直接呼びかけた人たちに対する働きかけは強いので、小規模ながら結束力のある集団が生み出されます。これに対して、続く②視覚系メディアの段階では、新聞やテレビといったマス・

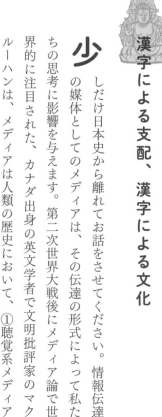

メディアの登場によって伝達範囲が飛躍的に拡大したことで、政府が国民に対して命令を一律に伝えることが可能となり、中央集権的な社会が形成されました。

そして、最後の③電気系メディアの段階において、ふたたび肉声が復活します。電子メディアに読み込まれた肉声が地球規模で伝えられることで、あたかも目の前で語りかけられているかのように感じられ、グローバル・ヴィレッジ（地球村）と呼ばれる共同体が生まれるであろう。マクルーハンは人類の未来をこのように予言したのです。

この予言が当たっているかどうかも興味深いですが、ここでは、聴覚系メディアから視覚系メディアへの発展に注目してください。洋の東西を問わず、国家による支配には目に見える文字が必要とされます。その場で聞くしかない肉声だけで王が統治を行うのはまず無理です。**文字を用いて書きとめることで、国のすみずみにまで命令を行き渡らせることができます。文字は中央集権的な支配に欠かせないものなのです。**

さて、ようやく話は日本史に戻ってきます。古代の朝廷も文字によって全国の支配を行いました。そのときに用いた文字というのは、中国から伝わった漢字です。それゆえ漢字の読み書き能力は、貴族や役人に求められる最低限の素養となりました。しかし、漢字が果たした役割は、そうした伝達のための手段にとどまりません。例えば、漢詩を詠んで思いを伝えるといったように、漢字をもとにした文化が開花したのです。

漢字による支配と、漢字による文化。次の東大日本史の問題は、その両面を問います。

問題5

次の❶〜❺の文章を読んで、下記の設問A・Bに答えなさい。

❶ 『千字文《せんじもん》』は6世紀前半に、初学の教科書として、書聖と称された王羲之《おうぎし》の筆跡を集め、千字の漢字を四字句に綴ったものと言われる。習字の手本としても利用され、『古事記』によれば、百済《くだら》から『論語』とともに倭国に伝えられたという。

❷ 唐の皇帝太宗《たいそう》は、王羲之の書を好み、模本(複製)をたくさん作らせた。遣唐使はそれらを下賜され、持ち帰ったと推測される。

❸ 大宝令では、中央に大学、地方に国学が置かれ、『論語』が共通の教科書とされていた。大学寮には書博士《しょはかせ》が置かれ、書学生もいた。長屋王家にも「書法模人」という書の手本を模写する人が存在したらしい。天平年間には国家事業としての写経所が設立され、多くの写経生が仏典の書写に従事していた。

❹ 律令国家は6年に1回、戸籍を国府で3通作成した。また地方から貢納される調は、郡家《ぐうけ》で郡司らが計帳などと照合し、貢進者・品名・量などを墨書《ぼくしょ》した木簡がくくり付けられ

て、都に送られた。

❺ 756年に聖武天皇の遺愛の品を東大寺大仏に奉献した宝物目録には、王羲之の真筆や手本があったと記されている。光明皇后が王羲之の書を模写したという「楽毅論《がっきろん》」も正倉院に伝来している。平安時代の初めに留学した空海・橘逸勢《たちばなのはやなり》も唐代の書を通して王羲之の書法を学んだという。

設問

A 中央の都城や地方の官衙《かんが》から出土する8世紀の木簡には、『千字文』や『論語』の文章の一部が多くみられる。その理由を2行（60字）以内で述べなさい。

B 中国大陸から毛筆による書が日本列島に伝えられ、定着していく。その過程において、唐を中心とした東アジアの中で、律令国家や天皇家が果たした役割を4行（120字）以内で具体的に述べなさい。

（2020年度・第1問）

渡来人による文書の作成

本問に入る前に、日本列島に漢字が伝わり、受容されていった過程を概観しておきましょう。国内から出土する最古の漢字は、博多湾に位置する志賀島《しかのしま》（福岡県福岡市）から出土した金印に刻まれた、「漢委奴国王《かんのわのなのこくおう》」の文字です。弥生時代にあたる1世紀に九州北部に成立した奴国の王が、57年に中国の後漢に使いを遣わし、光武帝《こうぶてい》から「漢委奴国王」の称号と金印を賜ったことが、『後漢書』東夷伝に記されています。奴国王は中国皇帝から冊封《さくほう》を受ける（古代・02参照）ことで、金属器の入手を図り、他国との抗争を優位に進めようとしました。金属器は他国への影響力の源となりましたが、それとともに、**いまだかつて見たことのない漢字による称号という代物を身に帯びている、そのこと自体が大きな権威付けとなった**ことでしょう。3世紀前半にも、邪馬台国《やまたいこく》の女王卑弥呼《ひみこ》が魏《ぎ》に使いを遣わし、「親魏倭王《しんぎわおう》」の称号を賜っています。

ここまではたんに称号として漢字を授かるだけでしたが、円滑に外交を行うために文書を用意する必要も生じました。古代・01で見たとおり、5世紀後半、ヤマト政権の倭王武（ワカタケル大王・雄略天皇）は、南朝の宋に使いを遣わした際に、内外に軍事的支配を広げている状況を述べ、それにふさわしい称号を求める上表文を提出しています。

　また、文書は国内の支配にも用いられました。これも古代・**01**で見たとおり、稲荷山古墳（埼玉県行田市《ぎょうだし》）出土の鉄剣と、江田船山古墳《えたふなやま》（熊本県玉名郡和水町《たまなぐんなごみまち》）出土の鉄刀には、「ワカタケル大王」の銘文が刻まれています。5世紀にヤマト政権が関東地方から九州地方北部まで支配領域を拡大する過程で、漢字で書かれた文書が支配の手段として用いられるようになったのです。

　では、その文書を作成したのは誰だったのでしょうか？　倭人（日本人）はまだ漢字の持つ象徴的な力を利用していただけで、読み書きができたわけではありません。代わってそれを担ったのは、やはり古代・**01**で見たとおり朝鮮半島から来た渡来人でした。ヤマト政権は、中国の先進的な技術を取り入れるため、この渡来人を韓鍛冶部《からかぬちべ》・錦織部《にしごりべ》・鞍作部《くらつくりべ》などの技術者集団に組織しました。そのなかで、文書の作成にあたったのが史部《ふひとべ》です。江田船山古墳出土鉄刀の銘文にも、「張安」という中国系渡来人と思われる名前が見られます。

　こうして渡来人の力を借りる形で外交や国内支配に必要な文書を用意していたわけですが、いつまでも頼りきりというわけにはいきません。やがて律令制が完成した8世紀には、漢字の読み書き能力が官人にとって必須のものとなります。それを問うのが設問**A**です。

官人に求められる素養

設問**A**は、中央の都城や地方の官衙（役所）から出土する8世紀の木簡に、『千字文』や『論語』の文章の一部が見られる理由を問うています。木簡とは、短冊状の細長い木の板に文字や記号を墨書きしたもので、紙が希少なものであった古代においては、省庁間の連絡（文書木簡）や、諸国からの貢進物の荷札（付札《つけふだ》木簡）のほか、漢字・漢文の練習（習書《しゅうしょ》木簡）にも用いられました。付札木簡については資料文❹で示されていますね。木簡は、一度書いた文字を削り落として再使用していたと考えられ、その削り屑も貴重な資料とされています。削り屑の断片を集めて解読にあたる研究者の熱意と苦労には頭が下がります。

『千字文』と『論語』については資料文❶に説明があります。『千字文』は、「いろは歌」の漢字版とお考えいただければ良いでしょう。「いろはにほへと」に始まる七・五調の韻文である「いろは歌」がかな文字の習得に用いられたように、『千字文』は２５０の四字句からなる韻文で基本である１０００字が覚えられるようになっています。そのため、奈良時代の8世紀には漢字の習得に利用され、木簡に書写されました。

また、『論語』は儒家の祖である孔子の言行録です。為政者としての心がまえや君臣のあるべき関係を説いた儒教は古代の朝廷において重んじられ、なかでも『論語』は必修とされました。ここで、資料文❸をご覧ください。律令制下で官吏の養成のために設けられたのが、大学（都）と国学（各国）です。貴族の子弟も学生《がくしょう》として大学を修了し、試験に合格しなければ官人となることができませんでした。また、大学・国学では、儒教の教典を学ぶ明経道《みょうぎょうどう》は一般科（今の大学で言うところの教養課程）としての性格が与えられていました。それゆえ、学生は『論語』を木簡に書写して学んだのです。

漢字の読み書き能力が官人にとって必須のものであったことは、先に述べたとおりです。都はもちろん、国司が拠点とした国府（国衙《こくが》）と郡司が拠点とした郡家（郡衙《ぐんが》）の間でも、木簡に書かれた文書でやり取りが行われました。この点について、『詳説日本史』にも、「郡家の遺跡からも木簡・墨書土器などの文字資料が出土し、律令制の文書主義にもとづき漢字文化が地方にも展開した様子が知られる」と記述されています。漢字による支配は地方にも浸透していたのです。

それとともに、儒教の素養も官人に必要なものでした。と言うよりも、大学の試験科目だったのですから、官人になるには学ばないわけにはいきません。こうして、『千字文』は漢字の習得のため、『論語』は儒教の習得のため、広く用いられたのです。

東アジア文化圏の中で

ヨーロッパ世界や中東世界においても文字を美しく見せるためのカリグラフィーの技法が発達しているように、文字はたんに意味を伝えるための道具というだけではなく、それ自体が芸術となり得るものです。とりわけ、一字一字が森羅万象を表現しているとも言える漢字は、造形への欲望をかき立てるものなのでしょう。中国では早くも戦国時代（紀元前5〜3世紀）には装飾的な字体が見られ、書道が成立したと考えられます。そして、4世紀の東晋《とうしん》に現れ、毛筆による書の芸術性を確固たるものとしたのが、資料文❶にも登場する書聖・王羲之です。

設問**B**では、書が中国大陸から伝わり、日本に定着する過程で律令国家や天皇家が果たした役割が問われています。教科書に書かれている内容ではありませんので、資料文を読みながら考えましょう。

まず、資料文❸に「大学寮には書博士が置かれ、書学生もいた」とあります。書道は大学で一教科とされていたのです。また、「天平年間には国家事業としての写経所が設立され、多くの写経生が仏典の書写に従事していた」ともあります。写経とは仏教の経典を書写することです。天平年間（729〜749）には、仏教の力で戦乱や疫病を鎮め、国家の安泰を図るとする鎮護国家思想に基づき、国分寺建立や大仏造立の事業が行われました。**律令国家の仏教政策が書の受容と定着に貢献した**と推論できます。

次に、資料文❺には、聖武天皇の遺愛の品に王羲之の真筆（本人の筆跡）や手本があったことが記されています。743年に大仏造立の詔を発したのが聖武天皇ですね。聖武が756年に亡くなると、光明皇后（聖武はすでに退位していましたので、当時は皇太后です）は聖武の遺愛の品や、752年に行われた大仏開眼《かいげん》に関する品を東大寺に奉献しました。それら約9000点の宝物は、正倉院宝庫に納められています。また、光明皇后自身も王羲之の書の模写に励んでいたことが分かります。**天皇家が率先して書法の習得に努めていた**のです。

聖武や光明皇后がお手本とした王羲之については、資料文❷に「唐の皇帝太宗は、王羲之の書を好み、模本（複製）をたくさん作らせた」とあります。王羲之が書聖の名を揺るぎなきものとしたのも、唐の2代皇帝である太宗の引き立てによるものでした。そして、遣唐使がその模本を下賜され、日本に持ち帰ったことから、朝廷でも王羲之の書風がもてはやされたのです。

ここで、律令国家や天皇家が書の定着に果たした役割について答える前提として、なぜ中国の書を受け入れたのかについて考えてみましょう。その際、設問にある「唐を中心とした東アジアの中で」という文言がヒントになります。古代・02で見たように、前近代の東アジアでは中国を中心とする国際秩序（冊封体制）が形成されていました。そうしたなかで、漢詩を詠み交わすなど中国の文化を身につけることは、周辺諸国にとって必須のたしなみでした。中国の「完コピ」を目指した日本の朝廷にとってはなおさらのことだったのでしょう。書にしろ仏教にしろ、**日本は唐を中心とする東アジア文化圏の中にあった**のです。

解答例

A 律令制では文書による中央集権的支配が貫徹されたため、官人は木簡を用いて政務に必須の漢字の習得や儒教的素養の涵養《かんよう》に努めた。

B 古代の朝廷は唐を中心とする東アジア文化圏の中にあり、漢字文化や仏教文化を共有する必要があった。こうしたなかで、大学・国学において書が教科として位置づけられ、国家事業として写経が行われるとともに、天皇家も率先して唐代の書法の習得に努めた。

musubime 歴史の結び目

「完コピ」の唐風文化から日本的な国風文化へ

古代の文化は初め唐風文化の「完コピ」を目指したと言えます。初唐文化の影響を受けた7世紀後半の白鳳文化、盛唐文化の影響を受けた8世紀の天平文化を経て、9世紀前半の弘仁《こうにん》・貞観《じょうがん》文化では、『凌雲集《りょううんしゅう》』を先駆けとする勅撰漢詩文集の編纂が行われ、学問や文芸の発達が国家隆盛の礎になるとする、中国の古典に由来する文章経国《もんじょうけいこく》思想が貴族の間に浸透していきました。また、宮廷の儀式も唐風のものに改められています。「完コピ」は頂点に達したのです。

しかし一方で、平安前期にあたるこの時期には、唐の律令の「完コピ」を脱して、実情に即した日本型律令制が完成に向かったように（古代・04参照）、文化においても「完コピ」は一つの曲がり角を迎えました。続く9~11世紀の摂関政治の時代には、それまでの唐風文化の消化・吸収のうえに、和歌・大和絵などをはじめとする日本的な文化（国風文化）が開花しました。そしてそれは、民衆を担い手とする中世の文化の土台となります。続きは中世・10の問題で見ていくことにしましょう。

第2章 中世

武士と荘園の関係は?

1987年度第1問

東大日本史の最高傑作

毎年、東大の先生方が腕によりをかけて出題される日本史の問題は、どれも知的好奇心をかき立てられ、新しい知見を与えてくれるものばかりですが、「その中でも最高傑作と言えるのはどの問題ですか?」と問われれば、筆者は30年以上前の次の問題を挙げます。

と言うのも、**この問題には、武士とは何か? 武家政権とは何か? 朝廷と幕府はどのような関係にあったのか? といった、中世の社会を理解するうえで必要なポイントが凝縮されている**からです。

また、次ページ以降に掲載されているとおり、グラフを与え、そこから読み取ることのできる内容の時代的背景を考察させるというのは、「個別の知識・技能」「思考力・判断力・表現力等」「学びに向かう力、人間性等」という3つの柱を掲げる新学習指導要領（2022年から実施）の下、教科として新設された「日本史探究」という科目や、それに沿う形でセンター試験に代わって始まった共通テストを、先取りしていたとも言えるでしょう。

このように、内容的にも形式的にも「最高傑作」と呼ぶにふさわしいのがこの問題です。

ですが、そこは「最高傑作」ですので、問題文とグラフを的確に読み取るのも、問われている内容に対して要点を押さえて答えるのも、そう簡単ではありません。できる限り噛み砕いて解説していきますので、粘り強くお付き合いください。

問題6

次の文章とグラフを読み、設問A、Bに答えよ。


治承《じしょう》4（1180）年、源頼朝が伊豆国に、義仲が信濃国に兵を挙げた。早速、平氏は追討使を東国に派遣するとともに、奥州の藤原氏、越後国の城氏と連絡をとり、彼らに頼朝・義仲の追討を託した。やがて城氏は信濃に入り、義仲と戦って敗れるが、以後、東国は全くの戦乱状態に陥った。元暦《げんりゃく》元（1184）年になると、頼朝は北陸道にまで支配圏を伸ばし、所々に鎌倉から地頭を送りこんでいった。

グラフは、城氏の根拠地の一つであった摂関家の荘園、越後国白河荘の作田数の変化を、建

第2章　中世

久8（1197）年に荘官が荘園領主へ提出した報告書から作成したものである。作田数とは、荘園領主が年貢・公事《くじ》を収納する基準となる田数のことで、治承4年に限って報告のないのは、城氏がすべて兵糧米にとってしまったからである。

設問

A 朝廷は治承5年に養和、翌年に寿永と改元したが、報告書では治承の年号がそのまま使われている。それは何によると考えられるか。2行（60字）以内で答えよ。

B グラフから荘園と東国武士団との関係を読みとり、そこに見出される武家政権の成立の意義を考え、5行（150字）以内で記せ。

（1987年度・第1問）

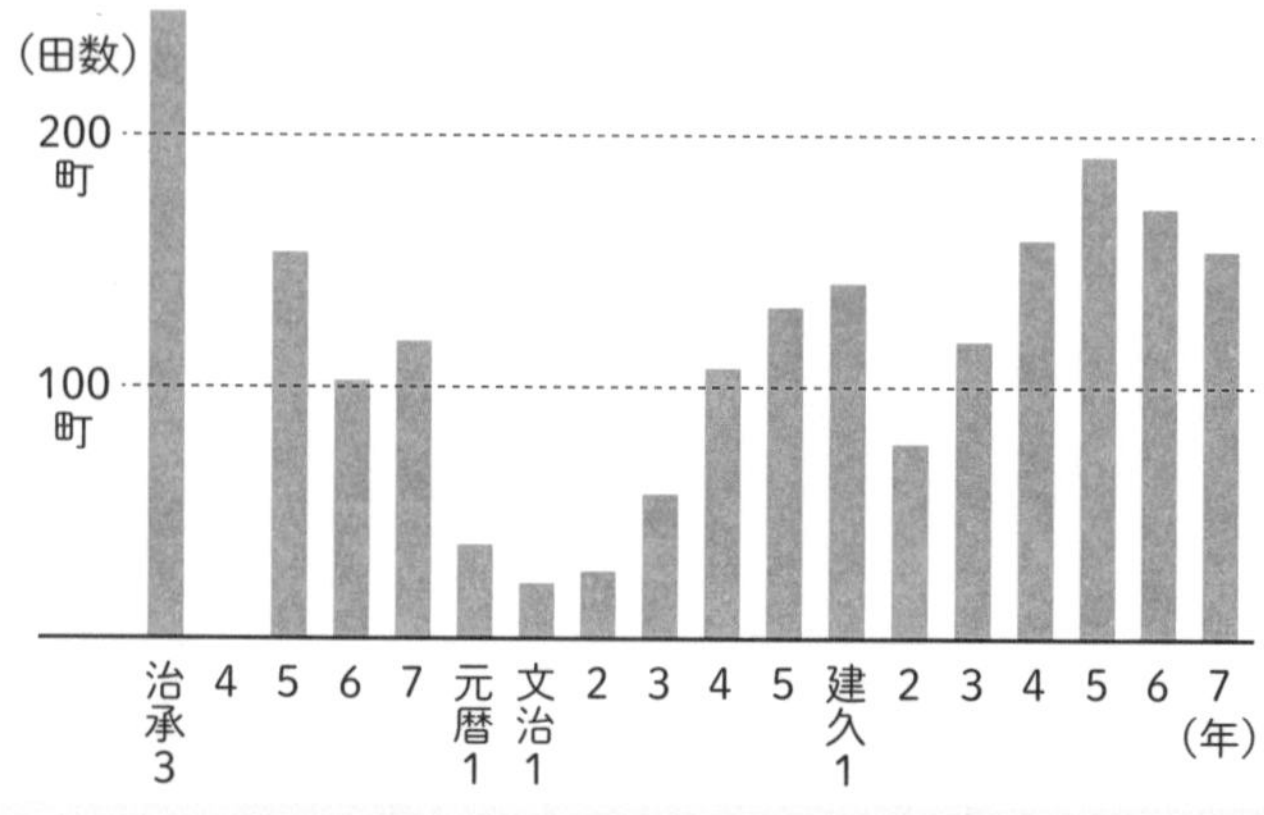

元号の持つ意味

Aは、報告書で朝廷が改元した養和・寿永ではなく、治承の年号が使われている理由を問うています。この問いに答えるには、元号の持つ意味と、源平の争乱が繰り広げられていた当時の状況を考える必要があります。

元号とは、端的に言えば、天皇（君主）の支配を象徴するものです。中国では古来、天命を受けた支配者（天子）が自らの在位期間に元号を建てることで、政治的支配の正統性を示してきました。ですから、**その元号を受け入れるということは、天子が支配する世界に時間的に組み込まれることを意味します。**

中国を模倣する形で、日本でも元号が建てられるようになったのは、７世紀半ばのことです。『日本書紀』では、６４５年に大化の改新に際してはじめて元号を「大化」と定めたとされています。その後、７世紀の間には「白雉《はくち》」「朱鳥《しゅちょう》」という元号が建てられたのみで空白の期間のほうが長かったのですが、大宝律令が完成した７０１年に「大宝」と定められると、それ以降は現在の「令和」にいたるまで途切れることなく続いています。

ですが、２つの元号が並存していた時期がありました。14世紀半ばから後半にかけての南北朝時代です。1336年、足利尊氏に京都を逐《お》われ吉野（南朝）に移った後醍醐天皇は「延元」と改元しましたが、尊氏が立てた光明《こうみょう》天皇の京都（北朝）では「建武」の年号がそのまま用いられました。その後、1392（南朝暦元中9・北朝暦明徳3）年に南朝の後亀山天皇が北朝の後小松天皇に譲位する形式で南北朝の合体が実現するまで、南朝の勢力範囲と北朝の勢力範囲とでは異なる元号が使用されていたのです（なお、南北朝の動乱については中世・08で扱います）。

Aで問われている源平の争乱期も同じような状況であったと考えられます。1180年、平清盛は高倉天皇と清盛の娘の徳子との間に生まれたわずか3歳の安徳天皇を擁立しました。「養和」「寿永」という元号はこの安徳天皇の朝廷で建てられたものです。

ですから、源氏の勢力範囲では、これらの元号を用いるはずがありません。1184年、前年に平氏を都落ちさせた木曽（源）義仲を源頼朝の送った弟の範頼《のりより》・義経軍が討つと、後白河院政下で後鳥羽天皇は「元暦」と改元しました。つまり、それまでは源氏の勢力範囲では「治承」の元号が引き続き使用されていたのです。一方、平氏一門は都落ち後も1185年に壇の浦の戦いで滅亡するまで「寿永」の元号を用い続けました。

このように、元号の使用から朝廷（天皇）と武士の関係がうかがわれます。

武士と荘園

Bは、そもそもグラフの意味がさっぱり分からなかったという方も多いでしょう。問題文に書かれているとおり、グラフが示す「作田数」とは「荘園領主が年貢・公事を収納する基準となる田数」です。もう少し噛み砕いて言えば、作田数が多い年は年貢高が多く、少ない年は年貢高が少ない、ということを意味しています。

グラフからは、１１８５（文治《ぶんじ》1）年をターニング・ポイントとして、減少していた作田数が回復に向かっていることが読み取れます。この年には、平氏が滅亡したあと、源頼朝が後白河法皇から各国の治安維持にあたる守護と、荘園の管理にあたる地頭を任命する権限を認められました（なお、守護・地頭はもともと、それぞれ「惣追捕使《そうついぶし》」「荘郷《しょうごう》地頭」と呼ばれました）。問題に関係するのは、荘園ごとに任じられた地頭のほうです。つまり、**この問題は、武士（東国武士団）が地頭として荘園に送り込まれてきたことの意味を問うている**のです。

この問いに答えるには、武士の起源にまでさかのぼって理解している必要があります。

10世紀に財政の悪化や対外的危機の緩和といった要因が重なり、古代の朝廷の中央集権体制がなし崩しになると（古代・03参照）、各地に有力者が現れ、周辺の農民を従えて私的に田地を経営し始めました。彼らは、11世紀になると山林原野の開発をさかんに行い、開発領主と呼ばれる存在に成長していきます。そして、勢力拡大のために武装し、家子《いえのこ》（一族の者）や郎党《ろうとう》（従者）を率いて兵《つわもの》の家を形成しました。これが武士の始まりです。

つまり、従来の法（律令）が通用しなくなるなかで、所領は自らの力（武力）で確保する必要が生じたということですが、開発領主たちはもう一つの方法をとります。それは、都の権門勢家《けんもんせいか》（有力な貴族・寺社などの家柄）への寄進です。

開発領主は、徴税を強化する国司の圧力から逃れるために、権門勢家に所領を寄進して、守ってもらいました。寄進を受けた領主を領家と言います。また、領家がさらに上級の貴族などに寄進すると、その上級の領主は本家と呼ばれました。つまり、強い者に守ってもらうという構造でしたので、最上級の摂関家や上皇に寄進が集中したのです。

一方、土地を寄進した開発領主は現地での経営にあたる荘官となり、領家に一定額の年貢を納めます。そして、その見返りとして、領家・本家の権威を背景に、租税免除の特権（不輸の権）や国司の送り込む検田使の立ち入りを拒否する権利（不入の権）を得ました。こうして、朝廷の支配から離れた私的な土地所有体系である、寄進地系荘園が成立しました。

このように、**武士とはもともと開発領主であり、荘園で年貢を納める荘官でもあった**ということを念頭においてお考えください。そこに、地頭という新たな要素が加わるのです。

朝幕関係の二面性

地頭とは、もともと現地で支配にあたる長官（頭）を指して言った言葉です。平氏政権でも臣従した武士（家人《けにん》）を私的に地頭に任命していましたが、1185年、源頼朝が後白河法皇から荘園・公領（朝廷の土地）に地頭を設置する権限を認められ（文治の勅許）、朝廷公認の官職となります。

地頭の任務は、荘園・公領の下地管理や治安維持にあたり、年貢を徴収して、荘園では領家、公領では国司に納めることです。その任務に対する給与にあたるものとして、地頭職《しき》と言って、年貢のかからない免田の経営の権利などが与えられました（「職」は役職にともなう権益の意）。じつは、この地頭職こそ、将軍が御家人に御恩として行った本領安堵・新恩給与の、具体的な中身です。

鎌倉幕府においては、将軍が御家人に対して、先祖伝来の所領を保障する本領安堵や、戦功などに対して新たな所領を与える新恩給与などを行い（御恩）、御家人がその見返りに軍役などにつく（奉公）という形で、封建的主従関係が成立していました。

では、どうやって将軍は所領を守ったり与えたりしたのでしょうか。そこに地頭が登場します。先祖伝来の所領で務めてきた荘官の地位を、地頭に任命することで保障する。それが本領安堵です。一方、新たな所領の地頭として認めるのが新恩給与でした。

御家人は、地頭任命によって現地での支配権に幕府からお墨付きが与えられるとともに、収益権として地頭職を確保することができました。本領安堵・新恩給与の実質とは、この具体的な権利にほかなりません。そして、地頭に任命された御家人は、将軍から任命された職であるからには、下地管理と年貢納入に努めました。

これを踏まえてグラフをご覧ください。1179（治承3）年から1185（文治1）年にかけて作田数が減少しているのは、源平の争乱に際して、武士たちが兵糧米などと称して年貢を掠《かす》め取ってしまったからです。1180（治承4）年に関しては、「城氏がすべて兵糧米にとってしまった」と問題文にあります。しかし、源頼朝の支配下に入り、地頭が送り込まれてくると、作田数は回復していきました。

これを荘園領主（本家・領家）の立場から見ると、地頭はきちんと年貢を徴収してくれるありがたい存在だった、ということです。ここに、公家勢力（朝廷）と武家勢力（幕府）との相補的な関係がうかがえます。幕府は、諸国・荘園への守護・地頭の任命を通じて全国を支配し、御家人も地頭職という具体的な権利が得られました。一方、荘園領主である公家は、地頭の働きによって年貢収入を確保できました。朝廷と幕府の両者は、ときに対立もしましたが、互いに支え合う関係にあったのです。

Bでは、「荘園と東国武士団との関係」から見出される「武家政権の成立の意義」が問われていますので、幕府（武家政権）から東国武士団が地頭として任命されたことで、荘園は維持された、とまとめれば良いでしょう。

解答例

A源頼朝の勢力範囲では、平氏が擁立した安徳天皇による養和・寿永の年号を認めず、後白河院政下の治承を引き続き使用していた。

B源平の争乱が続くなか、各地の武士は兵糧米の徴収と称して年貢納入を怠ったため、荘園は侵略された。しかし、東国武士団が源頼朝と封建的主従関係を結び、各地の荘園に地頭として任命・派遣されると、彼らは頼朝からの命として年貢納入を励行した。このようにして、武家政権の成立によって荘園は維持されたと言える。

musubime

歴史の結び目

武士は天皇をこえられない

今見た、朝廷と幕府が相並ぶ支配の状況を、公武二元支配と言います。公家勢力から見れば、年貢収入を確保するために武家勢力は必要不可欠な存在でしたし、武家勢力から見ても、公家勢力が領主権を握る荘園を支配基盤としていました。また、朝廷は西国、幕府は東国と、勢力を二分していました。このように、**中世、とりわけ鎌倉時代は、公武二元支配の状況であった**と言えます。その状況をグラフの考察を通して問うた本問は、「最高傑作」と呼ぶに値するでしょう。

一方で、この公武二元支配の状況においては、武士は天皇を絶対にこえられません。朝廷と幕府がお互いに支え合う形で成り立っている以上、共存の道を探る以外にはなかったのです。そもそも、幕府の将軍とは征夷大将軍として朝廷から任命された存在でした。次の問題では、摂家将軍・皇族将軍という特殊な将軍のあり方を通じて、朝廷と幕府の関係について考えてみたいと思います。

北条氏はなぜ将軍にならなかったのか?

1997年度第2問

「ならなかった」のではなく、「なれなかった」

北条氏はなぜ将軍にならなかったのだろうか?

学校で日本史を学びながら、このような疑問を抱いた方も多いのではないかと思います。

1219年、3代将軍の源《みなもとの》実朝《さねとも》が暗殺されて源氏の正統が断絶すると、幕府は頼朝の遠い親戚にあたる当時わずか2歳の藤《ふじ》原《わらの》（九条）頼経《よりつね》を京都から迎え、承久の乱（1221）を経て1226年に4代将軍としました。摂家将軍です。本当は、幕府は皇族の招聘を望んでいたのですが、後鳥羽上皇に拒否され、承久の乱の一因にもなっています。皇族将軍は、後に1252年に宗《むね》尊《たか》親王を6代将軍として迎えたことで実現しました。

この間、幕府の実権を握っていたのが北条氏です。頼朝の妻である「尼将軍」政子を輩出した北条氏は、他の有力御家人を排斥しながら、自らの地位を「執権」と称し（後述）、幕政の中心を占めました。

ですから、**北条氏は将軍位に就くのに十分な実力をそなえていたと見るべきですが、それでも将軍となることはなく、京都から摂家将軍・皇族将軍を招聘し続けたのはなぜでしょうか？**

この疑問に対し、前問の最後で述べた「武士は天皇をこえられない」という観点から、北条氏が将軍になれなかった理由を問うてきたのが、次の東大日本史の問題です。

問題7

次の❶から❺の文を読み、下記の設問に答えよ。

❶ 1203年、北条時政は、孫にあたる将軍源実朝の後見役として政所《まんどころ》の長官に就任し、幕府の実権をにぎった。この地位を執権といい、以後北条氏一族に世襲された。

❷ 1219年に実朝が暗殺された後、北条義時は、幼少の藤原頼経を摂関家から将軍に迎えた。

❸ 1246年、北条時頼が前将軍藤原頼経を京都へ追放したとき、有力御家人の三浦光村《みうらみつむら》は、頼経の輿《こし》にすがって、「かならずもう一度鎌倉の中にお入れしたく思う」と涙ながらに言い放った。翌年、時頼は三浦泰村・同光村ら三浦一族をほぼ全滅させた（宝治《ほうじ》合戦）。

❹ 1266年、北条時宗は、15年間将軍の地位にあった皇族の宗尊親王を京都へ追放した。この事件について、史書『増鏡《ますかがみ》』は、「世を乱そうなどと思いをめぐらしている武士が、この宮に昼夜むつまじく仕えている間に、いつしか同じ心の者が多くなって、宮自身に謀反の意向があったかのように言いふらされたものだろう」と説明している。

❺ 1333年、後醍醐天皇の皇子護良《もりよし》親王は、諸国の武士や寺社に送った幕府打倒の呼びかけのなかで、次のように述べた。「伊豆国の在庁官人北条時政の子孫の東夷《とうい》どもが、承久以来、わがもの顔で天下にのさばり、朝廷をないがしろにしてきたが、ついに最近、後醍醐天皇を隠岐に流すという暴挙に出た。天皇の心を悩ませ国を乱すその所業は、下剋上の至りで、はなはだ奇怪である。」

設問

A 鎌倉幕府の体制のなかで、摂家将軍（藤原将軍）や皇族将軍はどのような存在であったか。北条氏と将軍との関係、反北条氏勢力と将軍との関係の双方に触れながら、3行（90字）以内で述べよ。

B 護良親王は、鎌倉後期に絶大な権力を振るった得宗《とくそう》（北条氏嫡流）を、あえて「伊豆国の在庁官人北条時政の子孫」と呼んだ。ここにあらわれた日本中世の身分意識と関連づけながら、得宗が幕府の制度的な頂点である将軍になれなかった（あるいは、ならなかった）理由を考えて、4行（120字）以内で述べよ。
（1997年度・第2問）

「執権」北条氏と摂家将軍・皇族将軍

じつは、北条氏が就いた「執権」という地位は、院政において院庁《いんのちょう》（上皇直属の政務機関）の執務を司った者の呼称に由来するものであって、幕府の正式な職名ではありません。1203年、北条政子の父である時政が、3代将軍に源実朝を立てて幕府の実権を握った際に、その地位を執権と称したのが始まりです。その後、時政の子である義時が、1213年に政務を司る政所と御家人を統率する侍所《さむらいどころ》の長官（別当）を兼ねたことで、執権の地位は確立しました。

こうした経緯を踏まえれば、資料文❶に「後見役として」と書かれている意味が見えてきます。執権とは、古代・04で見た摂政や関白と同様に具体的な権限をともなった職ではなく（だからこそ政所別当と侍所別当を兼任しました）、将軍との私的な関係からその権力を代行する者だったのです。それゆえ、**北条氏は摂家将軍・皇族将軍を立て、名目上の存在とすることで、「後見」**

の立場から幕府の実権を握ることができました。

北条氏にとって摂家将軍がお飾りにすぎなかったことは、幼少の者を京都から呼び寄せたことからも明らかです。先述のとおり、九条頼経を迎えたのは2歳の時、将軍位に就けたのは7年後の9歳の時です。その後、北条氏は27歳になった1244年には頼経を退位させ（資料文❸にあるとおり、その2年後には鎌倉からも追放しています）、代わって子である6歳の頼嗣《よりつぐ》を5代将軍に擁立しました。幼くして就任した将軍も成人して分別がつけば、北条氏にも物言うようになります。そこで、北条氏は幼少の将軍を立て、成人すると新たに幼少の者に首をすげ替えるということを繰り返したのです。

源氏と北条氏の関係

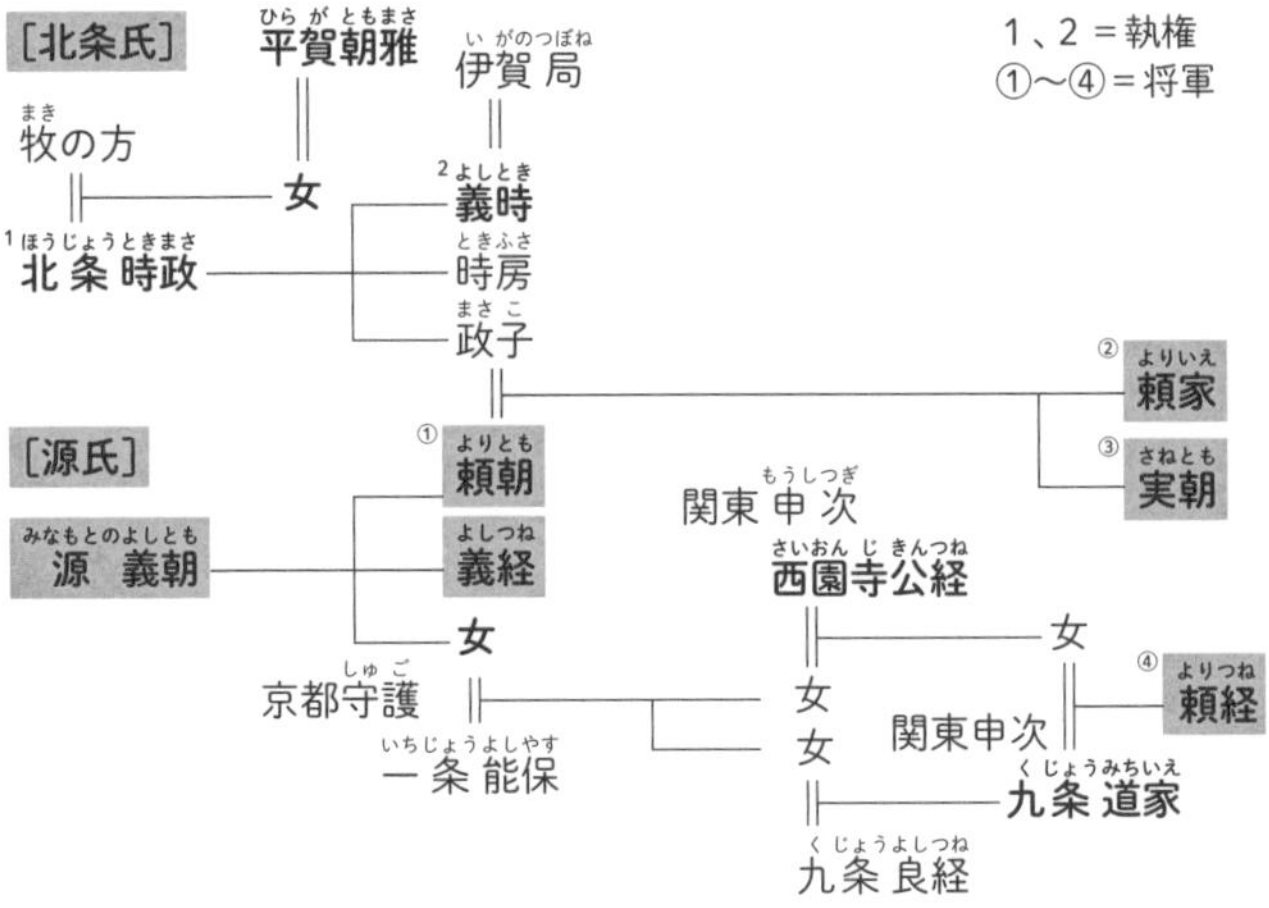

御家人にとっての摂家将軍・皇族将軍

一方で、将軍とその臣下である御家人とは、前問でも見たように御恩と奉公による封建的主従関係で結ばれていました。将軍は御家人に対して本領安堵や新恩給与を行い、その見返りに御家人は鎌倉番役《かまくらばんやく》・京《きょう》都《と》大番役《おおばんやく》（皇居の警備）などの奉公をする。このように、将軍が自分たちの所領を守ってくれる（御恩）からこそ、御家人は「いざ鎌倉」の精神で軍役（奉公）に臨んだのです。「一所（生）懸命」という言葉もここから生まれました。

ですから、摂家将軍・皇族将軍がいかに幼少で形式上の存在だとしても、御家人にとっては主従関係を結ぶ主君でした。そこで、反北条氏の有力御家人は、将軍を旗印に勢力を結集しようとしました。

資料文❸にある1247年の宝治合戦は、時の5代執権・北条時頼が有力御家人の三浦氏一族を滅ぼした戦いとして教科書にも記述がありますが、じつは、そこには摂家将軍の存在が関わっていました。「かならずもう一度鎌倉の中にお入れしたく思う」という前将軍の頼経に対する三浦光村の言葉には、将軍を反北条氏勢力結集のよりどころとしたいという思いがにじみ出ています。

このように、**将軍を反北条氏の有力御家人に利用されると厄介であるからこそ、北条氏の側からすれば、形式上の存在は形式上の存在に押しとどめておく必要がありました。**資料文❸・❹に「京都へ追放」という言葉がありますが、北条氏は、先に述べたとおり、成人して扱いにくくなった将軍を京都に送り返し、新たに幼少の将軍を迎え入れるということを、最後となる9代将軍の守邦《もりくに》親王まで繰り返しました。

「東夷ども」の北条氏

しかし、将軍を自由に替えられるほどに絶大な権力を握った北条氏が、自ら将軍になることができなかったのはなぜでしょうか？　設問**B**は、それを「日本中世の身分意識と関連づけながら」考える問題です。唐突に「身分意識」と言われても困りますが、じつは、武士団には血筋によるピラミッド構造が内蔵されており、この点に注目すると、題意が見えてきます。

武士団の形成は、中世・06で見たとおり、10～11世紀に、各地で有力農民（開発領主）が一族を中心に武装する形で始まりました。この血縁単位の小武士団を組織化していったのが、朝廷から一国の支配を任された国司（受領《ずりょう》）層です。なかには任期終了後も土着して、在地の有力者となる者もいました。

武士団の形成とともに、平将門《たいらのまさかど》の乱（９３９〜９４０）・藤原純友《ふじわらのすみとも》の乱（９３９〜９４１）のように各地で反乱が相次ぎます。その際、鎮圧のため朝廷から清和源氏・桓武平氏などの血筋の尊い貴種が都から追捕使《ついぶし》・押領使《おうりょうし》として派遣されてくると、各地の武士たちはその強さと血統の良さから、武家の棟梁として仰ぎました。こうして、全国的な大武士団が形成されていったわけです。

ここで、その武士団の組織を見ると、下の図のとおり、貴種―国司（中下級貴族）―有力農民という血筋によるピラミッド構造が見て取れるでしょう。貴種の頂点には、もちろん天皇が存在します。この、天皇を頂点として貴賤を判断するという身分意識は、武士に限らず中世社会全体におよぶものでした。

それでは、北条氏はこのピラミッドのどの位置にあったのでしょうか？　設問文は資料文❺にある「伊豆国の在庁官人北条時政の子孫」という文言をわざわざ引いていま

血筋のピラミッド

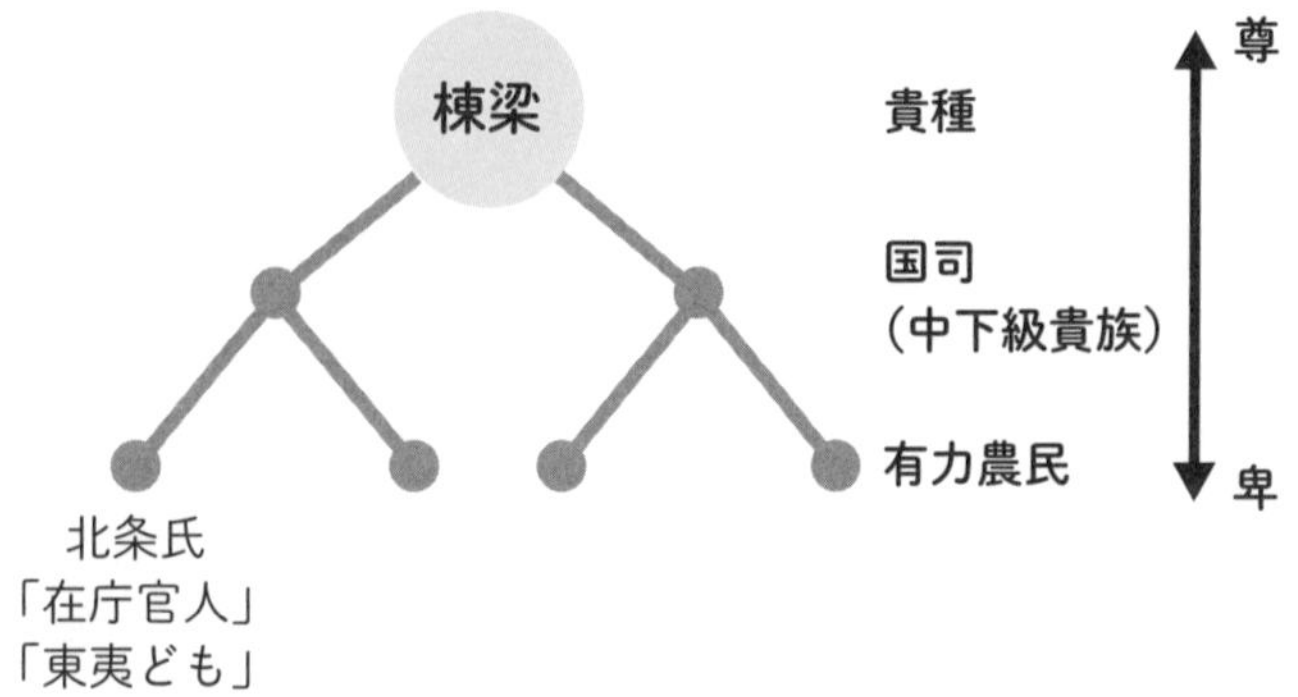

す。在庁官人とは国司が現地の有力者から任命した下級役人のことですから、北条氏は一地方武士にすぎなかったのです。しかも、草創期の幕府を支えた三浦氏・千葉氏などの有力御家人と比較しても、格下の存在でした。そうした、血筋のピラミッドの底辺にいる北条氏を、他の御家人が武家の棟梁として認めるはずがありません。むしろ、摂関家や天皇家の血を引く貴種こそが、将軍としては求められました。

また、征夷大将軍を任命する朝廷から見ても、北条氏は不適格でした。「東夷ども」という護良親王の言葉には、血筋に対する強い意識がにじみ出ています。御家人からも朝廷からも認められない。だから、北条氏は将軍になれなかったのです。

解答例

A執権として幕府の実権を握った北条氏は、源氏の血統が途絶えると、幼少の摂家将軍や皇族将軍を迎えて名目上の存在としたが、反北条氏は封建的主従関係をよりどころに勢力結集の旗印にした。

B中世の武士には天皇を頂点とした血筋を重視する意識があり、将軍は貴種であることが絶対条件であった。伊豆国の在庁官人という地方武士にすぎない得宗が将軍になることは、貴種を棟梁として求める武士も、東国の支配を委任する立場の朝廷も認めなかった。

musubime
歴史の結び目

興味関心に忠実であること

ちなみに、カッコ付きの「あるいは、ならなかった」という方向から設問**B**を考えると、どのような答えが出てくるでしょうか？　例えば、予備校界では次のような解答例が「別解」として流通しています。

B中世には家格とそれに伴う官職がほぼ固定化し、将軍は貴種たることが条件とされたので、伊豆の在庁官人の子孫という低い家柄の北条氏では将軍になれなかった。また将軍という天皇の直臣にならなかったことで、北条氏は武家政権としての独自性を発揮できた。

北条氏は、天皇に任命されるという征夷大将軍の直臣としての制約を避け、あえて将軍とならないことでフリーハンドの立場を確保しようとした、という趣旨です。しかし、そう言えるのは将軍になることが可能な場合であって、そもそもなれないのにならない理由を答えるというのは気が利いていません。

この問題は、「なれなかった」理由と「ならなかった」理由のどちらを答えても良いという問題ではなく、**どちらが答えるべき問いか、ということも含めて受験生に考えさせる問題だったのではないでしょうか。**

じつは、この問題を出題したと思われる村井章介名誉教授は、高校生向けにしたためた著書『増補　中世日本の内と外』（筑摩書房）で、次のように記しています。

（前略）北条権力のユニークさは、頼朝以上の「貴種」を幕府の形式上の首長にすえた点にあります。

実朝の死によって頼朝直系の血筋が絶えたとき、北条氏は摂関家から頼経を鎌倉殿に迎え、さらに一二五二年には、ときの天皇の兄である宗尊親王を戴くという政策をとりました。「皇族将軍」は幕府滅亡まで存続します。これは天皇を頂点とする尊卑の観念を前提とするものでした。

中期以降の北条権力は、家督の「得宗」を中心に苛烈な専制をふるうようになりますが、得宗の実力にみあう幕府内での地位は、ほんらい将軍以外にはありえなかったはずです。しかし武士たちを強固にとらえていた尊卑の観念は、得宗が将軍になることを許しませんでした。

東大日本史の面白さは、先生方が自らの興味関心に忠実に出題されていることにあります。しかも、それはけっして個人的な趣味にとどまるものではなく、本問のように、歴史を学ぶ者ならば一度は抱くであろう問いに根ざしたものです。そうした問題を、日本のアカデミズムの頂点に立つ東京大学が出題していることの意味を、よく考えてみる必要があると筆者は思っています。

さて、次の問題も「南北朝の動乱はなぜ全国化・長期化したのか？」という、素朴な問いです。そして、この問いを突き詰めることで、武士社会の変化の様子が見えてきます。

南北朝の動乱はなぜ長期化・全国化したのか？

2003年度第2問

「なぜ？」を深掘りしていく楽しさ

歴史を学ぶ楽しさの一つは、「なぜそのような出来事がおこったのか？」という問いを、突き詰めていくことにあります。しかも、その問いは尽きることがありません。

ある一つの歴史的な出来事は、他のさまざまな出来事の影響を受けて成立したものであり、その出来事もまた、他のさまざまな出来事に影響を与えています。歴史とはまさに出来事どうしが織りなすテクストであり、それゆえ、一つの「なぜ？」が解き明かされたとしても、いや、解き明かされればこそ、その先に新たな「なぜ？」が見えてくるのです。

ですが、そのように**「なぜ？」を一つ一つ探究していくことで、やがて歴史の全体像が見えてきます。そして、そうした営みは、私たちが生きる社会の理解にも役立つでしょう。**社会もまたテクストだからです。こうして「なぜ？」を深掘りしていく楽しさは、歴史を通して「今」を知るという、歴史を学ぶ意味に通じます。

次の東大日本史の問題は、南北朝の動乱が全国化・長期化した理由を問うています。これも前問と同じく、歴史を学ぶ者であれば抱くであろう問いでしょう。たしかに、南北朝の動乱とは公家社会内で皇位の正統性を争うという、言わば「コップの中の嵐」であり、しかも、後醍醐天皇が立てた吉野の南朝は圧倒的不利の状況にありましたから、当然の疑問です。しかし、この問いを深掘りしていくと、武家社会の変化という、中世の折り返し地点にあたる南北朝期（14世紀）の状況が見えてきます。

問題8

次の❶～❸の文章を読んで、南北朝内乱に関する下記の設問A・Bに答えなさい。

❶ 南北朝内乱の渦中のこと、常陸国《ひたちのくに》のある武士は、四男にあてて次のような譲状をしたため、その所領を譲った。

長男は男子のないまま、すでに他界し、二男は親の命に背いて敵方に加わり、三男はどちらにも加担しないで引きこもってしまった。四男のおまえだけは、味方に属して活躍しているので、所領を譲り渡すことにした。

❷ 1349年に高師直《こうのもろなお》のクーデターによって引退に追い込まれた足利直義《あしかがただよし》は、翌年京都を出奔《しゅっぽん》して南朝と和睦《わぼく》した。直義はまもなく京都を制圧し、師直を滅ぼした。その後、足利尊氏と直義が争い、尊氏が南朝と和睦した。

❸ 1363年のこと、足利基氏と芳賀高貞《はがたかさだ》との合戦が武蔵国で行われた。高貞は敵陣にいる武蔵国や上野国の中小の武士たちを見ながら、次のように語って味方を励ましたという。あの者どもは、今は敵方に属しているが、われわれの戦いぶりによっては、味方に加わってくれるだろう。

設問

A 当時の武士の行動の特徴を、2行(60字)以内で述べなさい。

B 南朝は政権としては弱体だったが、南北朝内乱は全国的に展開し、また長期化した。このようなことになったのはなぜか、4行(120字)以内で述べなさい。

(2003年度・第2問)

利己的な武士

設問**A**は、南北朝期における武士の行動の特徴を問う問題です。資料文❶からは兄弟がバラバラになって参戦している様子が、資料文❸からはきわめて打算的な武士の動きがうかがわれますが、こうした動きの背景にあったのは、惣領制の解体という武家社会の大きな変化でした。

鎌倉時代の武士たちは、惣領制と呼ばれる固い血縁的な絆を誇っていました。武士団は開発領主が一族を率いて武装したところから始まりましたが（中世・06参照）、そこから惣領制が生まれたとお考えいただければ良いでしょう。

惣領とは、一族の長のことです。平時には氏神の祭祀をつかさどり、戦時には庶子（一族の者）を指揮するという形で、庶子は惣領の命令に従うものとされていました。こうした惣領の強い権限を絶対的親権と言います。また、一族の所領は分割相続することを原則としていました。惣領は一族を代表して将軍と主従関係を結び、御家人となりましたが、御恩として将軍から本領安堵・新恩給与された所領の支配権は、庶子に分けられました。現金な話ですが、**所領は必ず分けられるという条件の下、庶子は惣領の命に従い、血縁的な絆が保たれていた**のです。

　しかし、13世紀後半の蒙古襲来のころ（元寇）になると、その絆にほころびが生じ始めます。分割相続を繰り返しているうちに所領の細分化が進み、これ以上分けたら惣領も庶子も共倒れするという状況に陥ったのです。そこに、貨幣経済の発達にともなう支出の増大や、蒙古襲来における負担と恩賞の不足といった要因が追い打ちをかけ、武士は困窮しました。

　こうしたなかで、分割相続の維持が困難になると、跡取りの嫡子にのみ相続させる単独相続が一般化したのです。例えば、当時の惣領が一族の者に遺した譲状には、「本当は庶子たちに分けるべきだが、所領が狭くそれが叶わず、鎌倉殿（幕府）の命に応えることができないので、嫡子〇〇一人に譲り渡す」と、苦しい事情が赤裸々に語られています。

惣領制

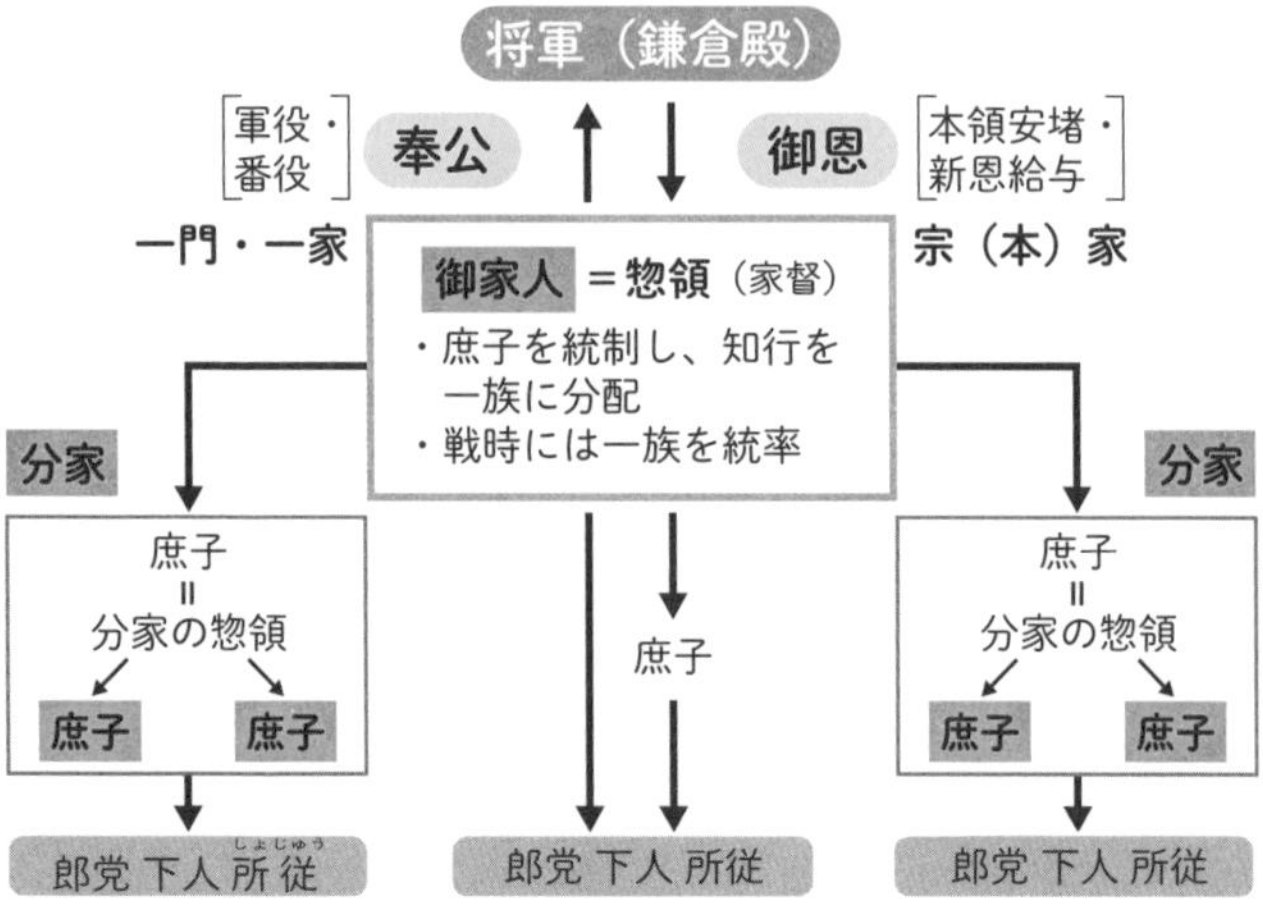

さて、「金の切れ目が縁の切れ目」ではありませんが、分割相続から単独相続への移行は、惣領制の解体を意味しました。所領を譲ってもらえないのに、惣領の命など聞いてはいられません。改めて資料文❶を読んでみると、子どもたちが父（惣領）の言いつけを聞かない様子が分かります。

そして、血縁というよりどころを失った武士たちは、資料文❸に見られるように、自分の利益を第一に考えて強い者に従おうとしました。現地で最も強い者についていく。血縁的結合から地縁的結合への移行です。こうした武家社会の変化を背景として、**武士たちの利己的な行動が、一族の中で一方が北朝につけばもう一方は南朝につくという形で表れて、南北朝の動乱は全国化したのです。**

調停者の役割を果たせない室町幕府

このような、打算的な行動も厭《いと》わない武士の置かれた状況に、室町幕府の内紛という事情が加わって、南北朝の動乱は長期化します。

室町幕府の初代将軍はもちろん足利尊氏ですが、弟の直義も「両将軍」と並び称される存在でした。軍事指揮権に依拠した主従制的支配は尊氏が担当し、訴訟処理を中心とした統治権的支配は直義が受け持つ、という形で役割分担がなされていたのです。しかし、それは権力の二元化を引きおこし、尊氏の下で執事を務め、軍事指揮官として現実路線を行く高師直と、法治主義に基づいた秩序の構築を目指す直義との間で確執が生じました。

こうしたなかで発生したのが、観応《かんのう》の擾乱《じょうらん》と呼ばれる紛争です。京都を制圧した直義軍が師直を殺害し、尊氏が直義を毒殺するという両者痛み分けの形で一応の収束を見ますが、そこには南朝をも巻き込んだ複雑な動きがありました。

資料文❷に「足利直義は、翌年京都を出奔して南朝と和睦した」とあるとおり、直義は1350年、京都を追われるようにして挙兵した際、後村上天皇（後醍醐天皇の皇子）の綸旨《りんじ》（命令の文書）を得て南朝方を味方につけようとしました。一方の尊氏も、事態の鎮静化を図るため翌1351年に和睦交渉を行い、北朝の崇光《すこう》天皇と皇太子直仁《なおひと》親王を廃して後村上天皇を京都に迎え入れました。元号も南朝の「正平《しょうへい》」に統一されたので、これを「正平の一統」と言います。

結局、和議は一時的なものに終わり、南朝方はふたたび京都から撤退するのですが（その際、北朝方の3上皇と廃太子された直仁《なおひと》親王を連れ去ってしまったので、北朝は天皇・上皇が不在という非常事態を迎えました）、**室町幕府のキーパーソンである尊氏と直義がともに、時の武士よろしく打算的な行動をとったことが、南北朝の動乱を長期化させる要因となりました。**内紛に明け暮れる幕府は、調停者としての役割を果たせなかったのです。南北朝の統一は、3代将軍義満が幕府の基盤を確立するまで待たなければなりませんでした。

なお、問題では求められていませんが、南朝方の結束力も動乱が長期化した要因の一つですので、補足しておきましょう。1339年、関東地方を転戦していた南朝の重臣・北畠親房《きたばたけちかふさ》は、後醍醐天皇死去の報に接して、常陸国小田城で『神皇正統記《じんのうしょうとうき》』を著し、1343年に後村上天皇に献上します。伊勢神道（伊勢外宮神官の度会《わたらい》氏によって体系化された神道説）と儒学の大義名分論（君臣の身分秩序を重んじる考え）に基づいて、南朝の正統性を主張した歴史書です。正統性を旗印に関東の武士を味方に引き入れようという意図もあったようで、実利を求める武士がこれに心動かされたとは思えませんが、南朝方の家臣たちにあった正統性に対する揺るぎなき自信が、最後まで結束して抵抗する原動力となったことは間違いありません。

解答例

A 単独相続への移行により一族内で所領紛争が生じるなか、武士は惣領の親権に従わず有利な陣営につくなど打算的な行動をとった。

B 強固な血縁的結束を誇った惣領制が解体する中で、嫡子と庶子が南北両陣営に分かれるという形で争ったため、動乱は長期化した。また、観応の擾乱が発生すると尊氏・直義双方とも南朝を利用しようとするなど、室町幕府も調停者の役割を果たせなかった。

歴史の結び目

教科書を読む難しさ

南北朝の動乱が全国化・長期化した要因については、『詳説日本史』に詳しく記述されていますので、その箇所を引用します。

このように動乱が長引いて全国化した背景には、すでに鎌倉時代後期頃から始まっていた惣領《そうりょう》制の解体があった。この頃、武家社会では宗家《そうけ》と分家のつながりが弱まり、遠方に住む一族との血縁的結合よりも、近隣に住む武士どうしの**地縁的結合**が重視されるようになった。また、それぞれの家の中では嫡子がすべての所領を相続して、庶子《しょし》は嫡子に従属する**単独相続**が一般的になった。こうした変化は各地の武士団の内部に分裂と対立を引きおこし、一方が北朝につけば反対派は南朝につくというかたちで、動乱を拡大させることになった。

この箇所は、旧版からの改訂にあたって「遠方に住む一族との血縁的結合よりも、近隣に住む武士どうしの地縁的結合が重視されるようになった」という文言が加筆されたことで、武家社会の変化がより分かりやすい記述となりました。

一方で、本文中でゴチック（太字）とされているのは引用で示したとおり「地縁的結合」と「単独相続」の二語しかありません。**覚えるべき人名や年号だけを拾い読みするような読み方をしていたら、確実に素通りしてしまうでしょう。ですが、そうしたところで南北朝期における武家社会の変化に関する大事なことが述べられている。**教科書を「きちんと」読むというのは難しいものです。そして、問題で与えられる資料文の読みも含めて、東大日本史が「読む力」を重視していることがよく分かります。

さて、中世の折り返し地点にあたる南北朝期に変化していたのは、武家社会だけではありません。民衆社会でもまた、農業の発達を背景に、惣村と呼ばれる自治組織が形成され、時に一揆などをおこしました。民衆が支配者の言いなりのままではなくなったのです。この変化を押さえることで、中世社会をよりトータルに捉えることができるでしょう。次の問題で見ていきたいと思います。

農民は用水をめぐる争いにどう決着をつけたか?

2016年度第2問

〈自力解決〉の時代をしたたかに生きた民衆

ここまで中世では鎌倉時代から南北朝期にかけての武士の動きに関する問題を見てきましたが、民衆なども含めた中世社会全体のあり方を俯瞰すると、中世は〈自力解決〉の時代であったと捉えることができます。

例えば、『詳説日本史』では次のように説明されています。

院政期には、私的な土地所有が展開して、院や大寺社・武士が独自の権力を形成するなど、広く権力が分散していくことになり、社会を実力で動かそうとする風潮が強まって、中世社会はここに始まった。

「社会を実力で動かそうとする」とは、自分の身におきた問題は自分の力で何とかする、つまり、〈自力解決〉が求められるということにほかなりません。

では、なぜ〈自力解決〉が求められるようになったのでしょうか？　その背景にあったのは、古代・03で説明した、中央集権体制がなし崩しになっていった古代後期の状況です。対外的な唐の脅威が弱まるなか、財政が悪化していたこともあり、朝廷は上から民衆をがんじがらめに支配することをやめます。言わば**律令によって嵌《は》められていた箍《たが》が緩んだことで、自分の身は自分で守る必要が生じた**わけです。それは一方で、自分の力で社会を動かせるようになったということも意味していました。中世・06で解説した武士の存在がまさにそうです。

なお、古代・04では皇位継承の観点から院政について説明しましたが、律令が機能しなくなり、武士をはじめとして新たな勢力が現れるなかで、従来の法や慣例にとらわれない新たな秩序の建設者として、上皇のような存在が求められたと捉えることもできます。現在では中世の出発点が院政期とされているのも同様の理由です。

〈自力解決〉が求められていたのは武士だけではありません。民衆もまた惣村という自治組織をつくって、自分たちの生活は自分たちで守っていました。次の東大日本史の問題からは、用水路をめぐる紛争における惣村の動きを通じて、〈自力解決〉の時代をしたたかに生きた民衆の姿が見えてきます。

問題9

15世紀から16世紀にかけて、京都郊外の桂川流域には、東寺領上久世荘《かみくぜのしょう》をはじめ、領主を異にする小規模な荘園が多く分布し、それぞれがひとつの惣村としてまとまりをもっていた。この地域に関連する次の❶～❺の文章を読んで、下記の設問に答えなさい。

❶ 15世紀、桂川両岸には多くの灌漑用水の取入れ口があったが、主要な用水路は、十一カ郷用水、五カ荘《ごかのしょう》用水などと呼ばれており、各荘園はそこから荘内に水を引き入れていた。

❷ 荘内の用水路が洪水で埋まってしまったとき、上久世荘の百姓らは「近隣ではすでに耕作を始めようとしているのに、当荘ではその準備もできない。用水路修復の費用を援助してほしい」と、東寺に要求することがあった。

❸ 旱魃《かんばつ》に見舞われた1494年、五カ荘用水を利用する上久世荘など5つの荘園（五カ荘）の沙汰人《さたにん》らは、桂川の用水取入れ口の位置をめぐって、石清水八幡宮領西荘と争い、室町幕府に裁定を求めた。

❹ 幕府が西荘の主張を認める判決を下したため、西荘は近隣惣村に協力を要請して五カ荘の用水取入れ口を破壊しようとしたが、五カ荘側もまた近隣惣村の協力を得てそれを阻止し

たため、合戦となり、決着はつかなかった。

❺　1495年、五カ荘では西荘に対して再び用水裁判を始め、沙汰人《さたにん》らがみずから幕府の法廷で争った結果、五カ荘側にも用水を引くことが認められた。しかし、その後も争いは継続し、最終的には1503年になって、近隣惣村の沙汰人らの仲裁で決着した。

設問

灌漑用水の利用による生産の安定をはかるため、惣村はどのような行動をとったか。近隣惣村との関係に留意しながら、5行（150字）以内で述べなさい。

（2016年度・第2問）

農民の自立と惣村の形成

設問に「惣村」とあるとおり、室町時代の農民は惣村と呼ばれる自治組織を形成しており、資料文で記述されている用水路をめぐる紛争においても、近隣の惣村とも協力しながら結束して行動していました。そこで、本問を考える前提として、惣村の成り立ちについて説明しておきましょう。

惣村の「惣」の字は〈すべて〉と訓読みします。このことから推理されるとおり、**惣村は全構成員が参加して運営される自治組織**です。このような組織が畿内を中心に形成され始めたのは14世紀後半のことですが、その背景には農業生産力の向上による農民の自立がありました。二毛作の普及や商品作物の栽培で農業生産力が増大し、経済的に余裕が生じた畿内の農民たちは惣村と呼ばれる自治組織をつくって、荘園領主などの支配者から自立を図ろうとしたのです。

13世紀を中心とする鎌倉時代の荘園では、土地は名田《みょうでん》を単位に区分され、名主《みょうしゅ》が年貢などの負担を請け負って、作人《さくにん》を用いて経営にあたっていました。これを名田制と言います。また、名主に隷属して直営地である佃《つくだ》を耕作する下人・所従《しょじゅう》といった存在もいました。しかし、彼らの生活や経済活動はあくまでも名田を単位とするものであって、隣接する名田の農民と集住して村落を形成するということはありませんでした。

しかし、14世紀前半の鎌倉時代後期になると、経済発展とともに名田の枠をこえた行動が活発となるなかで、名主らは水利権や境界をめぐる紛争などを通じて地縁的に結びつき、やがて14世紀後半の南北朝期には新しく成長してきた小農民(作人ら)も加える形で自治組織を形成しました。それが惣村です。支配単位である荘園の内部には複数の惣村が存在しましたが、それらの惣村どうしが連帯して、惣荘・惣郷と呼ばれる大きな組織となることもありました。

惣村の運営の中心を担ったのは、乙名《おとな》と呼ばれる名主層です。また、荘園領主の代官として命令・判決を執行していた沙汰人が、そのまま惣村の指導者となることもありました。しかし、経済的な成長により農業経営者として独立する動きを見せていた小農民たちが、これまでのように乙名らの言うことに黙って従っているわけがありません。こうして、名主層による一方的な支配は成り立たなくなり、全員参加型の自治組織へと移行していったのです。なお、小農民を含めた惣村に属する農民を惣百姓と言います。

惣百姓は、自ら守るべき規約を自主的に定めました。惣掟《そうおきて》（地下《じげ》掟）です。中世には、古代以来の律令のほか、公家社会で通用した公家法や、荘園領主（本所）が定めた本所法、そして、武家社会における慣習法として成立した武家法（それをまとめたのが鎌倉幕府の御成敗式目です）などの法体系があり、民衆はそれに従うまででした。惣村はそれを打ち破り、**自分たちのルールは自分たちでつくるという自治の原則を貫いた**のです。

惣村の秩序は惣百姓の手で維持する

それでは、実際に惣村ではどのように自治が行われていたのでしょうか？　多くの教科書に収録され、かつて東大日本史でも出題されたことのある今堀郷《いまぼりごう》地下掟の条文を読みながら、具体的に見ていきたいと思います（なお、今堀郷は現在の滋賀県東近江市にあった延暦寺東塔を本所とする荘園で、後の近江商人の拠点であったことでも知られます）。

・「神仏田納めの事、大家小家によらず、安室にて納むべき事（神事や仏事のための経費の納入は、家の大小に関係なく、庵室［安室・後の日吉神社］に納めること）。」

惣村は、村の鎮守の社《やしろ》の祭礼行事を通じて共同体としての結束を保っていました。その祭礼を行った中心組織を宮座と言います。惣百姓が社の境内に集合し、神に誓った起請文《きしょうもん》を神前で焼いて、それを水に混ぜて一同がまわし飲み（一味神水《いちみじんすい》）することで、意思統一が図られました。**祭礼の経費は、家の大小にかかわらず惣百姓が均等に負担した**ことが、この文言から読み取れます。

・「惣森にて青木は葉かきたる物は、村人は村を落すべし（惣の森で青木から葉を刈り取った者は、村人の身分を剥奪する）。」

村内にある山林原野は、惣村の共有地とされました。これを入会地《いりあいち》と言います。薪や肥料にする草木を採取するなど、農業や日常生活に必要であるため、惣村の共有財産とされたのです。その使用には厳しいルールが課せられ、この条文では**無断で木から青葉を刈り取った者は村人**

の身分を剥奪するとされています。これが江戸時代にはいわゆる村八分《むらはちぶ》と呼ばれるものとなり、村の生活に影響をおよぼす可能性のある、葬式の世話と火事の消火活動以外の一切の交流が絶たれました。

・「惣より屋敷請け候て、村人にて無き物置くべからざる事（惣から屋敷を借り受けて、村人でない者を住まわせてはならない）。」

・「他所の人を地下に請人候はで、置くべからず候事（よそ者を惣村内に身元保証人もなく置いてはならない）。」

惣村の結束を維持するために、構成員である惣百姓とそうでない者とが明確に区別されました。**村内に居住権があるのは惣百姓のみ**です。身元保証のないよそ者を村内に住まわせることを禁じて、村の内外で厳しく線引きしました。

・「惣の地と私の地と、さいめ相論《そうろん》は、金にてすますべし（惣の共有地と私有地との境界をめぐる紛争は、金銭で解決することとする）。」

村内で生じたトラブルは惣百姓たちの手で処理しました。それが〈自力解決〉ということです。村内でおこった犯罪も、村で犯人を逮捕し、村で処分を決定しました。このように、惣村が村の秩序を維持するため自ら警察権・裁判権を行使することを、自検断《じけんだん》（地下《じげ》検断）と言います。この条文では、土地に関する揉めごとは金銭で解決することとされています。ドライなようですが、これが最もあと腐れのない解決方法だったのでしょう。

このように、惣村では惣百姓が自らの手でルールを定め、自分たちの生活を守っていたことが分かります。なかでも、用水路の管理は農業を営むうえで最も重要なものでした。では、用水路をめぐって他村とトラブルが生じたとき、惣村はどのようにして解決したのか？　問題を考えていくこととしましょう。

最終的には〈自力解決〉を図る

設問では、灌漑用水の利用のために惣村がとった行動について、「近隣惣村との関係に留意」して答えることが求められています。この要求に沿って、与えられた資料文を読んでいきましょう。

資料文❶で述べられているとおり、桂川流域の荘園では、桂川から灌漑用水を取り入れていました。複数の荘園で利用されていることから、利用する惣村どうしで取入れ口に関する取り決めをしていたと推測されます。また、資料文❷では、用水路の修復費用の援助を荘園領主に要求したことが述べられています。惣村で一致団結して領主に対して必要な措置を求めることも、自分たちの生活を守るための〈自力解決〉です。

資料文❸～❺では、取入れ口の位置をめぐる他荘との紛争の経過が描かれています。近隣の惣村とも協力し、2回にわたって幕府（室町幕府）の裁判に持ち込みましたが、お互いに自らに不利な判決を認めず、実力行使で自分たちの取入れ口を守ろうとしたようです。結局、近隣惣村の沙汰人らの仲裁によって決着を見ます。幕府の権威に頼らず（と言っても、裁判が行われたのは応仁の乱後のことでしたから、すでに権威は失墜していたわけですが）、**自分たちの問題は自分たちの手でけりをつける。それが〈自力解決〉の時代の作法**だったのです。

解答例

農業生産において用水の確保は最重要の課題であったが、自治的に形成された惣村は領主の異なる近隣の惣村とも連携して取入れ口について取り決め、用水路の修復が必要な際には領主に求めた。取入れ口をめぐって他荘と紛争が生じた場合には、領主や幕府の裁定を仰ぎつつも、最終的には近隣惣村の協力を得て自力解決を図った。

musubime

歴史の結び目

民衆たちが歴史の担い手となる

本問の冒頭に戻りましょう。中世社会において〈自力解決〉が求められるようになった背景には、古代の中央集権体制がなし崩しになったことがありました。法が自分の身の安全を保障してくれなくなったので、自分の手で守る必要が生じたのです。

一方でそれは、**権力によって上から押さえつけられることがなくなり、自由を得た**ということでもあります。自らの才覚によっておのれの運命を切り開くことができるようになったのです。こうして、社会の底から湧き上がるように新しい力が生まれ、新しいものが生み出されていきました。

文化もその一つです。中世には、民衆の成長と支配者からの自立を背景として、民衆を担い手とする文化が開花しました。次の問題では、祇園祭の山鉾巡行《やまほこじゅんこう》の運営方法を通じて、中世文化の特質に迫りたいと思います。

祇園祭はどのようにして行われたか?

2020年度第2問

コロナ退散への祈り

祇園祭を華やかに彩る山鉾巡行《やまほこじゅんこう》が、2022年7月、コロナ禍の中断を経て3年ぶりに再開されました。祇園祭は、京都の八坂《やさか》神社で無病息災を祈って行われる祭事で、平安時代前期の9世紀半ばに行われた御霊会《ごりょうえ》(怨霊や疫病神の怒りを鎮めるための法会《ほうえ》)が起源とされています。八坂神社がかつて祇園社《ぎおんしゃ》と呼ばれていた時代に祀られていたのは、疫病を司る牛頭天王《ごずてんのう》という神仏習合の神でした。そのような神の祭りがコロナ禍で中断していたというのは皮肉なものですが、それだけに、再開は祭りに関わるすべての人びとの願いであったと言えるでしょう。

さて、祇園祭は、八坂神社が主催する神輿渡御《しんよとぎょ》などの神事と、京都市下京区《しもぎょうく》にある16の山鉾町が主催する山鉾巡行に分けられます。各町が山や鉾を競い都大路《みやこおおじ》をめぐる巡行は、南北朝期の14世紀半ばに始まると考えられています。その後、応仁の乱(1

467～1477）で荒廃した京都を復興し、山鉾巡行を復活させたのは、経済力と結束力を誇る京都の町衆《ちょうしゅう》でした。その意味で、**山鉾巡行は前問で見た〈自力解決〉の象徴**とも言えます。

戦国時代（16世紀）における山鉾巡行の運営のあり方を問う次の東大日本史の問題が出題されたのは、コロナ禍が始まる2020年のことです。入試問題は基本的に前年の秋ごろまでには用意されていますので、そのような意図があるはずもありませんが、結果的にコロナ退散への祈りが込められた問題のようにも思えます。

問題10

京都の夏の風物詩である祇園祭で行われる山鉾巡行は、数十基の山鉾が京中を練り歩く華麗な行事として知られる。16世紀の山鉾巡行に関する次の❶～❹の文章を読んで、下記の設問に答えなさい。

❶ 1533年、祇園祭を延期するよう室町幕府が命じると、下京の六十六町の月行事《がちぎょうじ》たちは、山鉾の巡行は行いたいと主張した。

❷ 下京の各町では、祇園祭の山鉾を確実に用意するため、他町の者へ土地を売却することを禁じるよう幕府に求めたり、町の住人に賦課された「祇園会出銭《ぎおんえでせん》」から「山の綱引き賃」

を支出したりした。

③ 上杉本『洛中洛外図屏風』に描かれている山鉾巡行の場面をみると（図1）、人々に綱で引かれて長刀鉾《なぎなたぼこ》が右方向へと進み、蟷螂《とうろう》（かまきり）山《やま》、傘鉾《かさぼこ》があとに続いている。

④ 現代の京都市街図をみると（図2）、通りをはさむように町名が連なっている。そのなかには、16世紀にさかのぼる町名もみえる。

図1　（『国宝　上杉本　洛中洛外図屏風』米沢市上杉博物館より）

図2

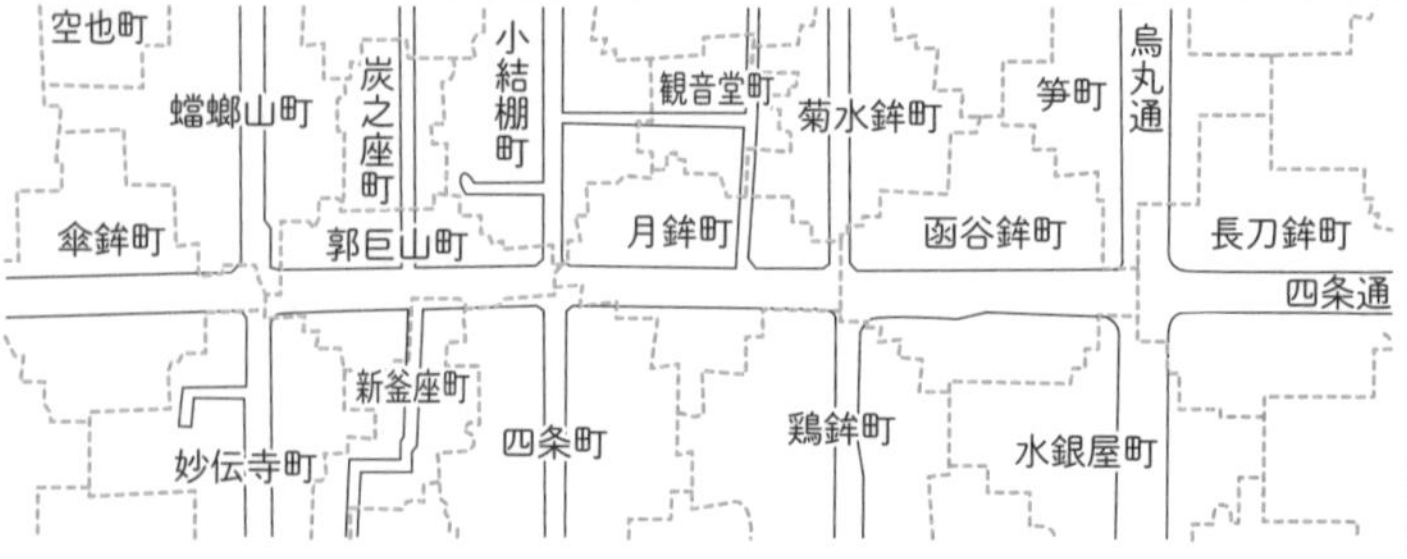

----- は町の境界である。

設問

16世紀において、山鉾はどのように運営され、それは町の自治のあり方にどのように影響したのか。5行（150字）以内で述べなさい。

（2020年度・第2問）

朝廷の「平安京」から町衆の「京都」へ

本問を考える下準備として、山鉾巡行の舞台である京都の歴史について見ておきましょう。京都の始まりは794年の桓武天皇による平安京遷都にありますが、その時の京域が現在の京都の市街部と完全に重なるわけではありません。古代から中世にかけて、中心地や都市としての性格を変えながら、京都の町は発展を遂げていくのです。

平安京は東西約4・5キロ、南北約5・2キロという広大な京域を誇り、南北に走る朱雀大《すざくおお》路《じ》を中心に、条坊制に基づく碁盤目状に街区が区画されました。しかし、財政難もあって（古代・03参照）湿地が広がる桂川流域の右京北部は未造成に終わり、左京に人口が集中していきます。そして、院政期の11～12世紀になると、鴨川をこえた交通の便の良い東部に市域が広がり、白河上皇が院の御所（白河殿）を造営するなど、政治の中心も移動しました。

中世の京都は商業都市として発展を遂げます。京都には荘園領主である公家や大寺社が多く存在するため、各地から年貢をはじめとする物資が集まってきたのです。中心となったのは、淀川水系によって琵琶湖と大阪湾に結ばれている東部です。左京区内の三条や七条に市が開かれ、賑わいを見せました。

このように、**政治都市から商業都市へと移り変わるなかで、市街地は商工業者の手によって形成されていきます。**問題の図2から分かるとおり、京都の町は通りをはさむ形で区画されていますが、こうした、いわゆる「両側町」の原型は南北朝期の14世紀後半に成立したと考えられています。

15世紀後半におこった**応仁の乱で焦土と化した京都の復興の担い手となったのも、商工業者たち**でした。貴族や僧侶が地方に疎開し、主人がいなくなった京都で、彼らは自治的な組織である町《ちょう》を結成しました。高利貸の土倉《どそう》・酒屋など、富裕な商工業者を中心とする町の構成員は、町衆と呼ばれます。町衆は町ごとに独自の掟（町法）を定めるとともに、近隣の町で集まって町組《ちょうぐみ》を組

古代の京都

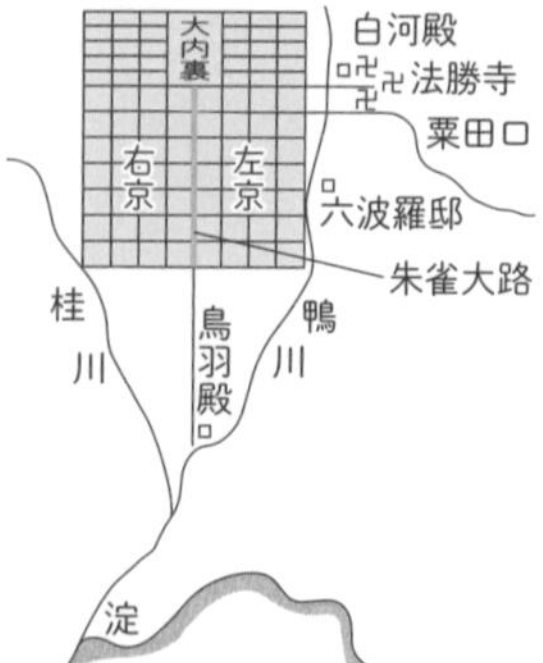

織し、輪番で運営にあたりました（月行事）。町組はさらに上京《かみぎょう》・下京《しもぎょう》という2つの惣町《そうちょう》に集約されています。

このようにして、朝廷の「平安京」は町衆の「京都」へと生まれ変わりました。そして、山鉾巡行の運営を担ったのが町衆たちだったのです。

町の自治は山鉾のためにある

それでは、今見た町衆による自治という点を踏まえて、設問で問われている山鉾の運営のあり方について、資料文と図をもとに考えていきましょう。

資料文❶からは、祇園祭の延期という室町幕府の決定に従おうとしない町衆の様子がうかがわれます。祇園社は延暦寺の末寺《まつじ》と位置づけられており、祭りは応仁の乱以前から、延暦寺の意向で中止されることがあったようです。しかしこの時、町衆たちは、神輿渡御などの神事は中止となっても、自分たちの手で行っている山鉾巡行は行いたいと主張しました。このあたり、前問で見た幕府の判決に従わない惣村にも共通する〈自力解決〉の姿勢がうかがわれて面白いところです。

なお、町衆には法華宗（日蓮宗）の信徒が多く、法華一揆を形成していて、延暦寺とは対立関係にありました。この時の中止から3年後の1536年には延暦寺によって法華一揆の勢力が京都から追放されるという一件がおこっています（天文《てんぶん》法華の乱）。

続いて資料文❷では、山鉾にかかる経費は町の住人の負担とされていたこと、また、山鉾を確実に用意するため他町の者への土地の売却の禁止を幕府に求めていたことが述べられています。これも前問で見た、祭礼の経費を惣百姓で均等に負担したり、よそ者の居住権を認めなかったりした地下掟の内容に似ていますね。**山鉾によって町の結束を強めていた**と推理されます。

資料文❸は、山鉾巡行の場面を描いた図1（『洛中洛外図屏風』）の説明です。長刀鉾を先頭とする10基は現在にいたるまで「くじ取らず」として決まっていて、そのあとの順番は前年の巡行の際に行われる「くじ取り式」で決められ、見どころの一つともなっています。また、山鉾はすべて疫病の退散にかかわるものです。

最後に、資料文❹では図2（現在の京都市街図）について、「通りをはさむように町名が連なっている」ことが指摘されています。先に指摘した「両側町」です。長刀鉾町・蟷螂山町といった、山鉾の名を冠した町も多いですね。**山鉾が言わば町のアイデンティティであった**と言えるでしょう。設問では山鉾の運営が「町の自治のあり方にどのように影響したのか」が問われていますが、町の自治は言わば山鉾のためにあったのです。

解答例

祇園祭の実施の可否は幕府に決定権があったが、山鉾巡行は下京の各町が主体となって行われ、経費も町の住人が負担した。幕府に他町の者への土地売買の禁止を求めるなど、各町は山鉾の準備を梃子《てこ》に通りをはさむ形で地縁的な結束を強めるとともに、町どうしの関係も深めて、月行事を中心として町政が行われるようになった。

musubime

歴史の結び目

民衆文化が花開いた中世

山鉾巡行が京都の町衆の手によって自主的に運営されたように、**中世には民衆を担い手とするさまざまな文化が生まれ、そして、現代にも伝統文化として引き継がれています。**その例として、ここでは茶道を取り上げましょう。

喫茶の習慣は、鎌倉時代初めに臨済宗を中国（宋）から伝えた栄西《えいさい》が、薬材として茶（抹茶）を日本に持ち帰ったことから始まります。栄西は『喫茶養生記《きっさようじょうき》』を著し、3代将軍 源 実朝《みなもとのさねとも》に献上して茶の薬効を説きました。こうした経緯から、喫茶は座禅と関わりが深く、精神修養的な側面の強いものとして受容されました。

南北朝期になると、経済的に成長を遂げた京都の町衆たちの娯楽として喫茶が行われるようになります。多人数で集まって茶を楽しむ茶寄合《ちゃよりあい》は、酒食も供される賑やかなものでした。そうしたなかから、余興の一つとして生まれたのが闘茶《とうちゃ》です。茶を飲み分けて本茶（京都の名産として評価の高い栂尾茶《とがのおちゃ》、のち宇治茶）と非茶（それ以外の産地の茶）を当てるという競技で、唐物《からもの》や金品が賭け物とされました。

応仁の乱前後の15世紀後半になると、喫茶は大名・貴族らの間でも流行します。しかし、彼ら支配者層が行う茶会は、書院造の大広間で唐物の高価な茶器をそろえた豪華なものでした。そうしたなかで、集まって茶を飲むという本来の目的に立ち返り、侘び茶を創始したのが村田《むらた》珠光《じゅこう》です。4畳半ほどの小さく簡素な茶室をしつらえて、あえて粗末な茶器を用いて茶会を執り行うという、閑寂な侘びしいたたずまいの中に心の静けさを求める茶の湯の形式は、禅の精神にも通じるものでした（珠光は大徳寺の禅僧であった一休宗純とも深い関わりがあったと伝えられます）。

こうして誕生した侘び茶は、戦国時代の武野《たけの》紹鷗《じょうおう》へと引き継がれ、千宗易《せんそうえき》（利休）によって大成されます。宗易（利休）は堺の町の豪商の家に生まれました。利休の名は、1585年に禁中に招かれて行った茶会で正親町《おおぎまち》天皇から与えられたもので、「利心休せよ（鋭くとがった心をそぎ落とせ）」の意です。宗易が設計したと伝えられる妙喜庵待庵《みょうきあんたいあん》は、外光の入らない侘びたわずか2畳の客間に、背の低い躙《にじ》り口から入ってただ茶を点《た》てて飲むという、侘びの精神の極致を体現した造りとなっています。

宗易の侘び茶は豊臣秀吉をも魅了し、1587年には各地から千人近くの茶人を集めて北野大茶会《おおちゃえ》を開催しています。しかし、侘び茶の精神の前では権力者にも屈しない宗易の姿勢には、「天下人」秀吉さえ恐れを抱いていたのかもしれません。1591年、大徳寺の山門に自身の木像を祀ったことを口実に、秀吉から蟄居《ちっきょ》を命じられた宗易は、自らの美学に殉じて切腹する道を選びました。70歳の時のことでした。

このように、**茶道は経済的に豊かになった京都の町衆たちの自立的な気風の下で流行し、やがて大名などの支配者に受容されるなかで洗練されていきました。**同様の展開は、花道（生け花）や能（猿楽能）にも見られ、現代にまで受け継がれています。

さて今、豊臣秀吉の名が出てきました。秀吉の登場によって、〈自力解決〉の中世の時代は終わりを迎え、近世の幕が開けます。次の問題では、秀吉が発したキリシタン禁令を通じて中世と近世の画期について考えたいと思います。

第3章 近世

豊臣秀吉はなぜキリシタンに脅威を感じたのか?

2000年度第2問

キリスト教が根付く国

江戸時代に幕府がキリシタン（キリスト教信者）を強制的に改宗させるために行った、真鍮製のキリスト像や聖母マリア像を踏ませる絵踏（踏絵）を覚えていらっしゃる方も多いかと思います。筆者はその行為を、無償の愛（アガペー）を降り注がれる神は許してくださるのではないかとずっと疑問に思っていました。要するに、神を信じて踏めば良いのです。

しかし、調べてみると、幕府は徹底的な形でキリシタンの根絶を図ろうとしていたことが分かります。1635年、3代将軍・徳川家光は全国的な信仰調査を行いましたが、その際に南蛮起《き》請《しょう》と呼ばれる誓約書を書かせて、キリシタンからの改宗者にふたたびキリシタンに戻らないことを誓わせました。その起請文には、現代語訳するとこう書かれていました。「もしキリシタンに戻ったら神罰を蒙《こうむ》り地獄の苦しみを味わわされる」――神罰を受けると言わせることで、神に対してキリシタンには戻らないことを誓わせていたのです。

唯一絶対なる神を信仰するキリスト教は、雨・雷などさまざまな自然現象にカミの存在を認めるアニミズム的風土の下で、八百万神《やおよろずのかみ》が存在するこの国の人びとには合わないようにも思えますが、**1549年にザビエルが来航してキリスト教を伝えてから、40年ほどでキリシタンは九州地方を中心に約20万人に達した**と考えられています。また、戦前を代表するキリスト教伝道者である内村鑑三は、清廉潔白な武士道が息づく日本にこそ、真にキリスト教の博愛の精神は根付くと考えました。古代に伝わった仏教と同様に、キリスト教はこの国の社会に受け入れられたと見るべきでしょう（このような日本の思想的風土については、拙書『悩んだら、先人に聞け！センター倫理で日本の思考の型を学ぶ』［笠間書院］をお読みください）。

しかし、江戸幕府をはじめとする近世の支配者は、キリシタン勢力の拡大を恐れ、先の南蛮起請に見られるとおり徹底的に弾圧しました。それはなぜでしょうか？　次の東大日本史の問題は、豊臣秀吉が発したキリシタン禁令を通じて、その理由を問います。

問題11

次の史料は、豊臣秀吉が天正15年（1587）6月18日に出したキリシタン禁令の第6条と第8条である（意味を通りやすくするために原文に少し手を加えた）。これを読んで、下記の設問に答えよ。

（第6条）

一、伴天連《バテレン》門徒の儀は、一向宗よりも外に申し合わせ候由《よし》、（秀吉が）聞こし召され候。一向宗、その国郡に寺内《じない》を立て、給人《きゅうにん》へ年貢を成さず、ならびに加賀一国を門徒に成し候て、国主の富樫《とがし》を追い出し、一向宗の坊主のもとへ知行せしめ、その上越前まで取り候て、天下の障《さわ》りに成り候儀、その隠れなく候事。

（第8条）

一、国郡または在所を持ち候大名、その家中の者共を伴天連門徒に押し付け成し候事は、本願寺門徒の寺内を立て候よりもしかるべからざる儀に候間、天下の障りに成るべく候条、その分別これなき者（そのことをわきまえない大名）は、御成敗を加えらるべく候事。

設問

A 第6条には戦国時代の一向一揆の行動が記されている。その特徴を2行（60字）以内で説明せよ。

B 伴天連（キリスト教宣教師）は、日本布教にあたってどのような方針を採ったか。第8条から読みとって、2行（60字）以内で述べよ。

C　秀吉が、一向宗や伴天連門徒を「天下の障り」と考えた理由は何か。2行（60字）以内で述べよ。

（2000年度・第2問）

惣村を取り込んだ蓮如の布教

1587年6月19日、豊臣秀吉は九州平定の帰途、博多でバテレン追放令を発して宣教師（伴天連）の国外追放を命じたということは教科書にも書かれていますが、その前日の6月18日に出されたのが史料のキリシタン禁令です。

まず、設問**A**は、一向一揆の行動の特徴について問うています。キリシタン禁令で一向宗（浄土真宗）のことに触れているのは、秀吉がキリシタンと一向宗との間に共通する部分を見出していたからにほかなりません。そうした点に留意して解答する必要があります。

室町時代後期に一向宗の勢力を北陸の農村に拡大した立役者が、本願寺8世法主である蓮如《れんにょ》です。延暦寺によって京都を追われた蓮如は、1471年、越前吉崎《よしざき》（現在の福井県あわら市）

に拠点を移し、布教を開始します。その際に用いたのが、御文《おふみ》と呼ばれる手紙です。蓮如は、農民ひとりひとりに御文を書いて教えを平易に説き、門徒を獲得していきました。

蓮如が最初にターゲットとしたのは、惣村の指導者層である乙名《おとな》・沙汰人《さたにん》などと呼ばれる名主《みょうしゅ》層でした。中世・09で見たとおり、室町時代には惣村と呼ばれる自治組織が各地に形成されていましたが、**蓮如は、まず名主層の支持を得、続いて彼らを中心に講と呼ばれる飲食などをしながら法話を聞かせる寄合の組織を惣村内に結成して、惣百姓らに門徒を広げていくという布教方針をとった**のです。こうして成立した一向宗門徒による自治組織を寺内町《じないまち》と言います（史料文にも「一向宗、その国郡に寺内を立て」とあります）。惣村を取り込むという手法こそが蓮如の巧さであり、一向宗門徒の団結力の源でした。

一向一揆の記憶

蓮如を中心とする本願寺教団は、荘園領主や守護大名の支配から脱却したいという惣村の思いに応えるような形で、しだいに政治的な色合いを強めていきます。仏敵論（教団の発展に障害となる世俗権力は武力で排除してもかまわないとする考え）を根拠に、各地で一向一揆を形成していきました。

その先駆けと言えるのが、1481年の砺波《となみ》の一向一揆です。門徒5000人あまりを動員して福光《ふくみつ》城主・石黒光義《いしぐろみつよし》を討ち、ここにはじめて本願寺領が誕生しました（砺波・福光はともに現在の富山県）。そして、1488年の加賀の一向一揆では、守護大名・富樫政親《とがしまさちか》を排除して、その後100年近くにわたって自治を行います。こうして、史料文に、「給人（所領を支配する者）へ年貢を成さず」「一向宗の坊主のもとへ知行せしめ」と記されているとおり、本願寺を領主とする一向宗門徒による領国支配の構図ができあがり、大名や荘園領主に年貢も納めなくなるのです。

各地の一向一揆は、1570年代に入ると、織田信長の手によって平定されていきました。そして、1580年、11年におよぶ石山合戦の末に石山本願寺[注1]は信長に明け渡されます（その跡地に建てられたのが大坂城です）。ですから、豊臣秀吉がキリシタン禁令を発令した時点では、一向一揆の脅威はすでに過去のものでした。しかし、**強固な団結力という脅威の記憶が、バテレン門徒との共通性を秀吉に想起させた**のだと考えられます。

[注1] 石山本願寺……1496年、蓮如が現在の大阪に建立。後に京都東郊の山科《やましな》本願寺が焼き討ちされると、一向宗本願寺派の本寺となった。

イエズス会の布教方針

続いて設問**B**は、伴天連（キリスト教宣教師）の布教方針について問うています。

ザビエル以降、宣教師を日本に派遣して布教を行っていたイエズス会[注2]は、まず、布教と貿易（南蛮貿易）を一体化する形で戦国大名を取り込もうとします。布教を許可した大名の領国にのみ貿易を許可したため、貿易の利を得たい西国のとりわけ九州の大名はこぞって入信し、キリシタン大名となりました。そして、布教活動のための資金調達という意味合いもあり、会士が通訳などを務める形で、イエズス会が貿易を支配したのです。

それゆえ、秀吉がキリシタン禁令の翌日に発したバテレン追放令でも、南蛮貿易に関して「一、黒船の儀ハ商売の事に候間、各別に候の条、年月を経、諸事売買いたすべき事」と言及されています。黒船（貿易を行うポルトガル船・イスパニア船）の件はバテレンの国外追放とは別のことであるから、これまでどおり取り引きをしてよろしい。――秀吉は、布教と貿易を切り離し、貿易の主導権をイエズス会から奪うことを意図していたようです。しかし、結果として法令自体が空文化してしまったことは、イエズス会と貿易の結びつきの強さを物語っています。禁教を徹底するには、後の江戸幕府のように「鎖国」政策をとるしかありませんでした。

さて、**貿易をエサに大名を取り込んだあと、信者をその家臣や領民に広げていくというのがイエズス会の布教方針**でした。その際に用いられたのが、霊父《れいふ》制度と呼ばれる洗礼の方法です。キリスト教のカトリックの宗派では、洗礼の際に神父とともに霊的後見人として霊父が立ち会いをすることが必須の条件とされています。そして、霊父は名づけ親として、受洗者（名づけ子）と深い情愛で結ばれると考えられていました。

イエズス会はこの制度を利用し、大名を霊父とすることで領国中に信者を広げようとしました。一方、キリシタン大名も領主権や主従関係の強化を図るためにこれに乗り、高山右近《たかやまうこん》のように家臣を強制入信させる者も現れました。それが強引にも見えるものであったことは、史料文にも「その家中の者共を伴天連門徒に押し付け成し」と書かれていることからもうかがわれます。こうして、キリシタン大名の領国は、「キリシタン党」とも呼ばれる宗教的な絆で結ばれたのです。

これは、**一向一揆の構図と同じ**であることに気づきませんか？　一向宗は本願寺を頂点に惣村を取り込み、キリシタンは大名から家臣・領民を取り込む。だから秀吉は、キリシタンを

よく似た2つの構図

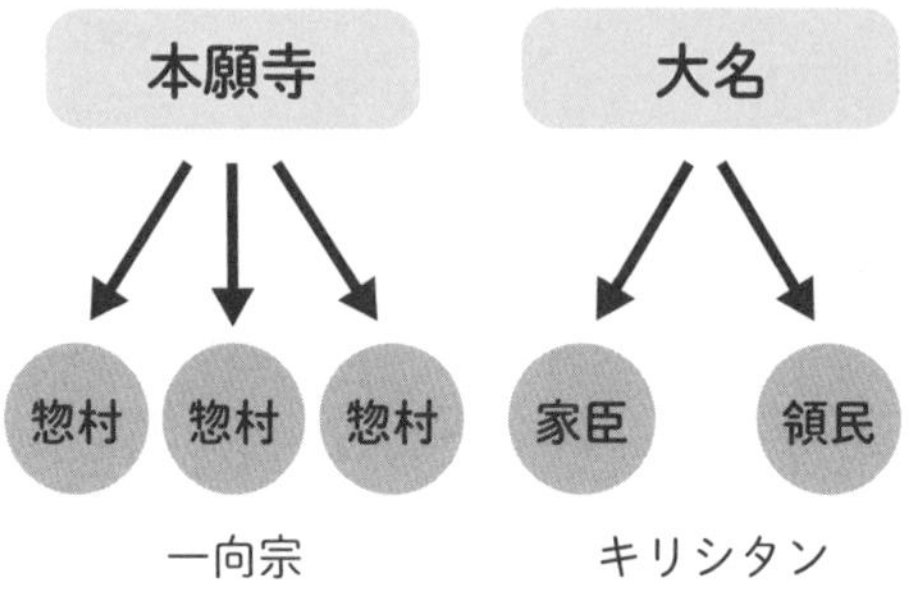

見て一向宗を想起したのです。

［注2］イエズス会……1540年、宗教改革運動がヨーロッパ全土を席巻するなかで、プロテスタントに対抗すべく結成されたカトリック教団。積極的に海外への布教を行った。

多元的な権力から一元的な権力へ

最後に、設問**C**は、豊臣秀吉が一向宗や伴天連門徒を「天下の障り」、つまり、天下統一の障害と考えた理由を答えさせる問題ですが、ここまで見てくれば、それほど難しくはないでしょう。戦国大名は、武力で屈服させることができます。しかし、一向宗やキリスト教のような信仰をよりどころとした自立的な組織は、武力だけでは屈服させられない「天下の障り」だったのです。

ここでもう一つ付け加えたいのが、秀吉の目指した権力のあり方ということです。中世は自力解決が求められる時代であったと説明しましたが（中世・09参照）、それは、広く権力が分化していたからです。「オレ様がルールブックだ」と宣言できる一元的な支配者が存在しなかったため、自分の身は自分で守るしかない。惣村はそのようにして形成された自治組織であり、そうしたなかで戦国大名や本願寺などさまざまな権力が相並ぶ状況だったのです。

そのような**多元的な権力のあり方に終止符を打とうとしたのが織田信長であり、その遺志を継いだ豊臣秀吉でした。**天下を統一するとは、要するに自らが一元的に権力を握るということです。秀吉は、朝廷から任じられた関白の地位をよりどころとしながら、「天下の障り」となるあらゆる勢力を屈服させ、一元的な支配者が全国を支配する近世社会の幕を開けたのです。

解答例

A 惣村を基盤に講を組織して寺内町を形成し、年貢未進など大名の領国支配に抵抗して、本願寺を領主と仰ぎ一国支配を打ち立てた。
B 宣教師はまず布教と貿易を一体化する形で大名を取り込み、そこから大名の支配力を利用して家臣や領民を強制入信させていった。
C 統一権力として全国支配を目指す秀吉にとって、本願寺やキリシタン大名の下での宗教的な結束に基づく自立的権力は障害だった。

musubime

歴史の結び目

太閤検地と近世の幕開け

秀吉が近世の幕を開けたと言うとき、太閤検地を指摘しないわけにはいきません。太閤検地は、全国の土地を一律に調べ上げたもので、これにより、全国の土地の生産力が石高（米の生産高）で統一的に把握されることになりました。石高は、秀吉と大名が主従関係を結ぶうえでの基準となります。つまり、**秀吉は石高を基準に大名に知行地《ちぎょうち》を給付し、大名はそれに見合った軍役を負担するという形で、封建的主従関係で結ばれた**のです。これを大名知行制と言います。

大名知行制は、江戸幕府においても全国支配の根幹に位置づけられるものでした。全国の領主権を握る将軍に対して、大名は臣下の立場にあります。この関係において、大名の所領（知行地）は将軍からの一時的な預かりものとされました。さらに、大坂の役（１６１４〜１５）によって豊臣氏が滅亡し、天下泰平の世が訪れると、軍役は不要となり、代わって参勤交代が「平時の軍役」として制度化されました。

このようにして成立した、強力な領主権を握る将軍（幕府）と大名（藩）が全国を統治する江戸時代の支配体制を、幕藩体制と言います。次の問題では、この幕藩体制の具体的な様相を見ていくことにしましょう。

江戸時代の幕府と朝廷の関係とは?

1994年度第3問

既存の組織を利用して支配する巧さ

江戸幕府は、１６０３年に徳川家康が征夷大将軍に任命されてから、１８６７年に15代将軍の徳川慶喜が大政奉還を朝廷に奏上するまで、２６０年以上続きました。しかし、その間ずっと政権として安泰だったわけではありません。と言うよりも、18世紀前半に8代将軍の徳川吉宗が享保の改革を行ったころには、幕府の財政はすでに火の車で、その後も改革に次ぐ改革に追われるという状況でした。

それにもかかわらず、長期政権を維持できたのはなぜでしょうか? その理由の一つとして、前問の最後で触れた**幕藩体制が、既存の組織を利用する形の、柔軟で優れた全国支配のシステムであった**ということが指摘できます。

例えば、寺院(仏教)の統制について見ると、幕府はキリスト教の禁教を徹底するため、全国の寺院を宗派ごとにピラミッド型の本山・末寺《まつじ》に組織し、民衆には必ず檀那寺（檀家となる寺）を持たせることとしました（寺請《てらうけ》制度）。そして、前問で説明したとおり、キリシタンの疑いがある者には厳しい信仰調査（宗門改め）が行われ、町村では家族ごとに宗旨と檀那寺を記録した宗旨人別改帳《しゅうしにんべつあらためちょう》が作成されました。寺院の組織を禁教に利用したわけです。

しかし、利用したのはそれだけではありません。

檀那寺は檀家の者が結婚や丁稚《でっち》奉公に行く際の身元保証書として、寺請証文を発行しました。また、宗旨人別改帳は戸籍の役割も果たしました（江戸時代の人口は18世紀初頭で約３０００万人と推定されていますが、そのような推定が可能なのも各地に宗旨人別改帳が残されているおかげです）。僧侶が子どもたちの読み・書き・そろばんの教育にあたる（寺子屋）など、各地の寺院は町村の生活に根付いていましたが、幕藩はそれを民衆の支配に利用したのです。

こうした、既存の組織を利用して支配する巧さは、幕府と朝廷との関係にもうかがわれます。次の東大日本史の問題を通じてその一端を見てみましょう。

問題12

江戸時代の朝廷に関する研究は近年になって盛んとなり、江戸時代におけるその存在の意義や果たした機能が、さまざまな側面から解明されてきている。下に掲げた年表を参考にして、江戸時代初期の幕府と朝廷の関係の特徴を、5行（150字）以内で記せ。


1603（慶長8）年　徳川家康、征夷大将軍に任命される。

1605（同　10）年　徳川秀忠《とくがわひでただ》、征夷大将軍に任命される。

1615（元和1）年　幕府、禁中《きんちゅう》並《ならびに》公家《くげ》諸法度《しょはっと》を定める。

1617（同　3）年　朝廷、亡くなった徳川家康に、東照大権現《とうしょうだいごんげん》の神号を勅許する。

1623（同　9）年　徳川家光、征夷大将軍に任命される。

1627（寛永4）年　幕府、大徳寺などの僧の紫衣《しえ》着用の勅許を無効とする。

1645（正保2）年　朝廷、日光東照社に宮号を勅許する。この結果、日光東照宮となる。

1646（同　3）年　朝廷、幕府の要請により、日光例幣使《れいへいし》①を派遣する。

幕府、朝廷の要望をいれ、長く中絶していた伊勢例幣使②の再興を認める。

注　①　日光例幣使　日光東照宮に礼拝のため、朝廷から毎年派遣された使い。朝廷の東照宮に対する崇敬を示す。
②　伊勢例幣使　朝廷から、伊勢神宮に毎年派遣された使い。15世紀後半以来、中絶していた。

（1994年度・第3問）

伝統的権威の利用

問題の年表にはさまざまな出来事が挙げられていますが、これらを問題で問われている「幕府と朝廷の関係」という観点から整理すると、その特徴を**〈利用〉・〈融和〉・〈統制〉**の3点にまとめることができるでしょう。

まず、徳川家康は、天皇や朝廷の持つ伝統的権威を幕府の全国支配に〈利用〉しようとしました。その手始めとなったのが、年表の冒頭にある１６０３年の征夷大将軍への任命です。征夷大将軍とはもともと古代において蝦夷《えぞ》征討のため朝廷から東北地方に派遣された総指揮官でしたが、軍事権を全面的に委任されたことから、源頼朝以来、武家の棟梁の地位を保証する官職となりました。家康は、征夷大将軍への任命により全国の大名に対する指揮権の正統性を得て、幕府を開くことができたのです。

その後も年表を見ると、家康は亡くなった翌１６１７年に朝廷から東照大権現の神号（正一位《しょういちい》という最高の神階をともないました）を勅許されています。また、１６４５年には家康を祀る東照社を東照宮に改める勅許が下されて伊勢神宮と同格と認められ、翌年からは朝廷による日光例幣使の派遣が開始されました。朝廷が家康の霊を崇敬するという意思表示は、将軍の権威高揚につながるものでした。

中世以降、政治の実権は武士が握っていたにもかかわらず、天皇を廃絶しようとする者は現れませんでした。それは、中世・07で見た、天皇を頂点とする尊卑の観念と、貴種を棟梁に戴く血筋のピラミッドに囚われた武士にとって、当然のことだったのかもしれません。いずれにしろ、**「武士は天皇をこえられない」以上、その権威を〈利用〉するのが最も現実的な路線**でしょう。

ちなみに、日本の歴史上で、天皇をこえよう、天皇に代わろうとしたのは、平将門《たいらのまさかど》しかいません。10世紀半ば、私領をめぐる一族の内紛から兵を挙げた将門は、常陸《ひたち》・下野《しもつけ》・上野《こうづけ》の国府を攻略し、自ら「新皇《しんのう》」と称しました。しかし、朝廷から派遣された藤原秀郷《ふじわらのひでさと》・平貞盛《たいらのさだもり》に鎮圧されます。同時期に発生した藤原純友《ふじわらのすみとも》の乱と合わせ、失敗に終わったその結果は、武士が朝廷から独立し得ないことを示すものでした。その後、武士たちは「朝廷の戦士」として位階や官職のステップアップを目指し始めたのです。その頂点に位置するのが征夷大将軍でした。

朝幕関係の融和

さて、天皇や朝廷の持つ伝統的権威を都合よく引き出して〈利用〉するには、**朝幕間の〈融和〉を図り、円満な関係を築く必要があります。**そこで、2代将軍の徳川秀忠は、娘の和子《まさこ》（東福門院）を後水尾《ごみずのお》天皇に入内させています。また、後述する紫衣事件のあとには、1634年に3代将軍の徳川家光が30万余りの軍勢を率いて上洛し、退位していた後水尾天皇と面会して院領（上皇の所領）7000石を献上しました。そこには、朝廷との関係修復とともに、幕府の武力と経済力を見せつけるという思惑があったと考えられます。

年表にあるとおり、日光例幣使が始まった1646年には、朝廷の要望を聞き入れて伊勢例幣使を再興させました。伊勢例幣使が向かう先の伊勢神宮には、天皇の祖先神である天照《あまてらす》大神《おおみかみ》が祀られています。日光例幣使の開始に合わせて、応仁の乱以後途絶えていた伊勢例幣使を経済的に支援して復活させたことで、家康の霊である東照大権現は、伊勢神宮の天照大神と並んで国家の最高神の地位を得たのです。

幕府の朝廷に対する優位

このように朝幕間の〈融和〉を図る一方で、**天皇や朝廷が諸大名と結びついてその影響力を行使することを避けるため、幕府は厳しく〈統制〉して政治的発言力を抑制し、京都に封じ込める方針をとりました。**家康は1600年、関ヶ原の戦いで勝利したあとに、朝廷を監視するため京都所司代を設置しています。また、公家から2名を朝幕間の連絡にあたる武家伝奏《ぶけてんそう》に選んで幕府の意向に従わせようとしたほか、皇室領である禁裏御料《きんりごりょう》も必要最小限の1万石にとどめて（最終的には約3万石まで加増しましたが、幕領は約400万石ありました）、経済力を奪いました。

そして、朝廷統制の基準として1615年に定められたのが、禁中並公家諸法度です。その第一条には「天子諸芸能の事、第一御学問也」と明記され、天皇（天子）は学問に専念すべきものとされました。このように、天皇の行動が武家の発する法によって規定されたという前例はありません。また、改元や官位の授与といった朝廷に残されていた権限についても、幕府の同意を必要とするとされています。

年表にあるとおり、1627年、大徳寺・妙心寺などの僧に対して後水尾天皇が与えていた紫衣着用の勅許を、幕府は無効としました。禁中並公家諸法度では、高僧にのみ認められる紫衣着用の勅許には幕府の承認が求められましたが、これに違反したという理由によるものです。幕府はこの無効の措置に反対した大徳寺の僧沢庵《たくあん》を流罪としています。後水尾天皇は、抗議の意味を込めて娘の明正《めいしょう》天皇に突然譲位しました。奈良時代の称徳天皇以来の女帝の誕生です。幕府は明正天皇が和子の子ということもあってこれを追認し、事態は収束に向かいました。

紫衣事件と呼ばれるこの一件は、幕府の意向が天皇の勅許をも上回ることを示すものでした。こうして、天皇・朝廷の伝統的権威は幕府権力の下に置かれたのです。

朝廷との適度な距離感

天下統一を目指す武将にとって、天皇の持つ伝統的権威との向き合い方、京都にある朝廷との距離の取り方は難しい問題を孕《はら》んでいましたが、織田信長・豊臣秀吉・徳川家康（幕府）のそれぞれの姿勢には微妙な違いがありました。

織田信長が琵琶湖のほとりに建設した安土城は、近年の発掘調査の結果、信長の居所《きょしょ》である天主《てんしゅ》の下層に、清涼殿《せいりょうでん》を模倣した天皇の御殿がある造りとなっていたことが確認されています。本能寺の変（1582）で倒れて夢破れましたが、信長は、天皇を安土に迎え入れ、「天皇を従える信長」という構図を演出しようとしていたのです。信長は一時期、正親町《おおぎまち》天皇の子と仮の親子関係を結んで猶子《ゆうし》としていました。

信長の跡を継いだ豊臣秀吉も、大坂に内裏を移転する準備を進めていた形跡が見られます。しかし、小牧・長久手の戦い（1584）で徳川家康との和睦を余儀なくされ、武力のみによる天下統一を断念した秀吉は、京都の大内裏跡に邸宅として聚楽第《じゅらくだい》を建設して後陽成天皇の行幸を実現しました。天皇を諸大名の支配に〈利用〉する路線へと転換したのです。

この路線を継承した徳川家康にとって、幕府を開いた江戸と朝廷のある京都とは、適度な距離感であったと言えるかもしれません。家康は、京都での居城として二条城を築城しています。そして、3代将軍・徳川家光は、1626年に後水尾天皇の行幸を受けました。後陽成天皇の聚楽第行幸を模したものです。しかし、そこには違いが一つありました。それは、**秀吉が内裏まで後陽成天皇を迎えに行ったのに対し、このときは二条城で前将軍の大御所徳川秀忠が待ち構えていた**という点です。京都から遠く離れてこそ、天皇の伝統的権威を武家の世俗的権力の下に位置づけることが可能となったと言えるでしょう。

解答例

徳川氏の全国の支配者としての地位は、朝廷からの征夷大将軍への任命によって保証されたものだった。そこで幕府は、禁中並公家諸法度を発して公家勢力の政治的発言力を抑制する一方、伊勢例幣使の再興など朝廷を経済的に支援して朝幕間の融和を図り、神号勅許や日光例幣使の派遣など朝廷の伝統的な権威を利用しようとした。

musubime

歴史の結び目

幕末に浮上する天皇

藤《ふじ》田《た》覚《さとる》東京大学名誉教授は、本問（と思われる問題）の採点に携わった感想を、著書『幕末の天皇』（講談社）の冒頭で次のように述べています。

> ある試験の採点を手伝ったことがある。その出題は、江戸時代前期の幕府と朝廷の関係を考えさせる問題だった。その関係を簡潔に表現する言葉はむずかしかったが、そのなかに「敬して遠ざける」というのと、「もちつもたれつ」というのがあった。同じ表現がいくつもの答案にみられたので、どこかで誰かがそのような表現で説明したようである。

筆者はこのような表現を用いて説明したことはありませんが（と言うよりも、本問が出題された1994年の時点で筆者はまだ学生でした）、「もちつもたれつ」というのは、幕府と朝廷の相互依存的な関係を表す上手い言葉だと思います。それとともに、専門用語を用いていなくとも、内容的に理解できていれば評価しようという姿勢がうかがわれて、興味津々です。

さて、藤田先生の本書は、江戸時代を通じて表舞台にはほとんど出てくることのなかった天皇が、幕末にいたってやにわに存在感を強めていく、その政治過程を描き出した著作です。たしかに、ペリー来航と開国を機に孝明天皇の発言力は大きくなり、そして、薩摩・長州は明治天皇をまさに「錦《にしき》の御旗《みはた》」として幕府を滅亡に追い込み、新政府を打ち立てました。

このように幕末に天皇が浮上してきた背景には、近世後期における社会の大きな変動がありました。**社会が大きく変わるなかで、天皇の伝統的権威が求められるようになった**のです。いったい、どのような変動が生じていたのでしょうか？　農村における休日のあり方について問うた、続く近世・13の問題で改めて考えたいと思います。

江戸時代の農民の休日の過ごし方とは？

2012年度第3問

農民に対するステレオタイプな見方を打破する

豊臣秀吉が1588年に発した刀狩令にある、「百姓は農具さへもち、耕作専《もっぱら》に仕《つかまつ》り候へハ、子々孫々まで長久に候」という文言を記憶している読者の方もいらっしゃるかと思います。

秀吉は、農民（百姓）から刀・鉄砲などの武器を没収することで、一揆を防止するとともに、武士と農民の身分を固定しました。これを兵農分離《へいのうぶんり》と言います。また、太閤検地では、検地帳に耕作者を記録することで、農民を土地に縛りつけ、年貢徴収の対象として確保しました。こうして、**刀狩と検地によって、支配者＝武士／被支配者＝農民という近世社会の基本的な構図ができあがった**のです。

近世の支配者の農民観を示す言葉としては、徳川家康の側近であった本多正信が記したとされる『本佐録《ほんさろく》』にある、「百姓は財の余らぬやうに、不足なきやうに治むる事道也」が知られています。幕藩の財政は農民から徴収する年貢によって成り立っていましたので、安定的な租税の徴収に支障をきたすおそれのある過剰な収奪は良くありません。一方で、農民を年貢徴収の対象としてのみ見て、最低限の保障さえすれば良いとする支配者の偽らざる本心も垣間見えます。

しかし、**そのような農民の見方は、支配者の視点によるものにすぎません。**歴史を描くために参照される史料の多くは、支配者の立場から書かれています。ですから、それを額面どおりに受け取ると、「江戸時代の農民は封建的身分秩序の下で自由を奪われていた」というイメージができあがってしまいますが、実際はどうだったのでしょうか？

次の東大日本史の問題は、江戸時代の農村の休日のあり方を通して、そうしたステレオタイプな見方を打ち破ります。

問題13

次の❶～❹の文章は、江戸時代半ば以降における農村の休日について記したものである。これらを読んで、下記の設問A・Bに答えなさい。

❶ 村の定書をみると、「休日《やすみび》」「遊日《あそびび》」と称して、正月・盆・五節句や諸神社の祭礼、田植

え・稲刈り明けのほか、多くの休日が定められている。その数は、村や地域によって様々だが、年間30〜60日ほどである。

❷ 百姓の日記によれば、村の休日以外にそれぞれの家で休むこともあるが、村で定められた休日はおおむね守っている。休日には、平日よりも贅沢な食事や酒、花火などを楽しんだほか、禁じられている博打《ばくち》に興じる者もいた。

❸ ある村の名主《なぬし》の日記によると、若者が大勢で頻繁に押しかけてきて、臨時の休日を願い出ている。名主は、村役人の寄合を開き、それを拒んだり認めたりしている。当時の若者は、惣代や世話人を立て、強固な集団を作っており、若者組とよばれた。

❹ 若者組の会計帳簿をみると、支出の大半は祭礼関係であり、飲食費のほか、芝居の稽古をつけてくれた隣町の師匠へ謝礼を払ったり、近隣の村々での芝居・相撲興行に際して「花《はな》代《だい》」(祝い金)を出したりしている。

設問

A 当時、村ごとに休日を定めたのはなぜか。村の性格や百姓・若者組のあり方に即して、3行(90字)以内で述べなさい。

B 幕府や藩は、18世紀末になると、村人の「遊び」をより厳しく規制しようとした。それは、なにを危惧したのか。農村社会の変化を念頭において、2行（60字）以内で述べなさい。
（2012年度・第3問）

「小さな幸せ」をつかんだ江戸時代の農民

本問の資料文を読むと、休日は村で独自に設定したものであることが分かり、中世の惣村（中世・09参照）における自治的な運営を引き継いでいることがうかがわれて面白いですね。そこで、まずは近世の村の成り立ちや農民のあり方について説明しましょう。

近世前期（17世紀）は、新田開発や農業技術の発展というあと押しもあって、小農の自立が進んだ時代でした。

新田開発を推し進めたのは大名です。大名は年貢増徴を図るため、戦国の世に培った軍事技術や鉱山開発技術を転用して、治水や用水路の開削に努めました。その結果、河川下流域の平野部の新田開発が可能となります。中世まで、耕地が開かれたのは中流部の小高い台地上でした。日本の河川は流れが急なため、秋口の台風の季節には氾濫をおこすからです。しかし、近世には幕府や藩の主導で大規模な堤防造成の工事などが行われたことで、平野部にも新田を開くことができるようになりました。その結果、耕地面積は、17世紀初めの約164万町歩《ちょうぶ》から、18世紀初めには約297万町歩へと2倍近くになっています（1町歩≒1ha）。

また、農業生産においては、深耕用の備中鍬《びっちゅうぐわ》・脱穀用の千歯扱《せんばこき》といった農具や、干鰯《ほしか》・〆《しめ》粕《かす》（鰊《にしん》や大豆から油を搾り取った残り粕）などの購入肥料（金肥と言いました）が普及するとともに、[注]四木《しぼく》・三草《さんそう》をはじめとする商品作物の栽培もさかんに行われるようになりました。集約的な農業によって生産性の向上が図られたのです。

このように、**量的にも質的にも農業生産力が増大したことを背景に、近世前期には大家族から小家族が独立していきました。**

例えば、村の自治の中心である名主《なぬし》の家では、家父長の世帯だけでなく弟や甥などの世帯も同居し、下人や年季奉公人も10人近く抱えて、50石をこえる石高を保有していた例も見られます。そこから、親族や下人が10石ほどの小農として独立していったのです。夫婦1組に子どもたちだけの家族構成（現代で言うところの核家族）ですので、「夫婦かけむかひ（2人きり）」と呼ばれました。

規模は小さいけれども、農具や肥料を活用して収入を増やしていく。近世の農民たちは〈小さな幸せ〉をつかんだと言えるでしょう。そして、その〈小さな幸せ〉を確実なものとするため、共同（最近よく使われる「協働」という言葉のほうが当たっているかもしれません）して農業を行う場として自治的な村が営まれたのです。

〔注〕四木・三草……四木は桑・漆・茶・楮《こうぞ》の総称。三草は麻・紅花・藍の総称。いずれも生活必需品の原料となる商品作物であり、幕藩も生産を奨励した。

村の自治に依存した幕藩の支配

『詳説日本史』では、近世の村について次のように端的に説明されています。

> 中世の長い歴史を経て、村は百姓の家屋敷から構成される集落を中心に、田畑の耕地や野・山・浜を含む広い領域をもつ小社会（共同体）として成熟した。そこには、百姓の小経営と暮らしを支える自治的な組織が生み出され、農業生産のうえに成り立つ幕藩《ばくはん》体制にとって、もっとも重要な基盤となった。

先に説明した小農は「百姓の小経営」と説明されていますね。さて、近世の村が幕藩体制にとって「もっとも重要な基盤」であったとは、具体的にどのようなことを意味するのでしょうか？

「自治的な組織」と言えば中世にも惣村が形成されていましたが、一揆の基盤となり、近隣の惣村と連帯して幕府の判決にも従わない（中世・09参照）など、支配者にとっては厄介な存在でした。そこで、近世の大名は検地を通じて勢力の大きい惣村を分断する（村切《むらぎり》）などしつつ、村の領域を確定して直接把握しました。新田開発によって生まれた新しい村も加え、近世前期には6万強の村が全国に存在したと推定されています。

しかし、それによって惣村の自治が失われたわけではありません。近世の村では、名主（関西地方では庄屋《しょうや》、東北地方では肝煎《きもいり》とも言いました）・組頭《くみがしら》・百姓代《ひゃくしょうだい》の村方三役《むらかたさんやく》を中心に、自治的な運営が行われていました。また、検地帳に登録されて年貢などを負担した本百姓（高持《たかもち》百姓）、土地を持たない水呑《みずのみ》百姓（無高《むだか》百姓）、さらには、本百姓に隷属した名子《なご》・被官《ひかん》と、階層区分が存在したことも特徴の一つです。

村では、農業と生活に必要な山林原野などの入会地《いりあいち》（中世・09参照）の共同管理や、結《ゆい》・もやいと呼ばれる田植えなどの共同作業を行っただけではなく、年貢も村単位で名主が一括して代官に納入しました。また、名主は領主（代官）と村民とを結ぶ窓口の役割を果たし、領主から出された法や触《ふれ》（命令）も名主を通じて村民に伝達されています。このようなしくみを村請制《むらうけせい》と言って、**幕藩は村の自治的な組織を利用する形で支配を行った**のです。『詳説日本史』にも、「幕府や諸大名・旗本《はたもと》などは、このような村の自治に依存して、はじめて年貢・諸役を割り当てて収納し、また村民を掌握することができた」と記述されています。
近世・12で、既存の組織を利用して支配する幕藩体制の巧さについて指摘しましたが、村の支配にもその特徴がよく表れていると言えるでしょう。

村民の結束に欠かせなかった村の休日

以上の説明のとおり、村は小農が農業を営むうえで必要な自治的な共同体であったということを踏まえて、問題を考えていきましょう。

まず、設問Aでは、村ごとに休日を定めた理由が問われています。現在のように国が全国一律に祝日を定めるのではなく、村ごとに自主的に定められていたという点に注目してください。

資料文❶を読むと、休日には正月や盆など年中行事に関わるものと、田植え・稲刈り明けなど農作業に関わるものがあったことが分かります。中世・09で惣村は祭礼行事を通じて共同体としての結束を固めたと説明しましたが、それは近世の村においても同様です。だからこそ休日として村民が全員参加して行いました。また、地域によって農業の繁忙期は異なりますから、村ごとに休日を設定したと推理されます。

ここで考えなければならないのが、資料文❸の記述です。村の若者は若者組と呼ばれる強固な集団を結成し、名主に対して臨時の休日を願い出たと言います。現代においても次世代を担う存在として各地で青年団（青年会）が活動していますね。若者は神輿をかつぐなど祭礼行事では中心的な役割を果たしましたし、何より農作業などの力仕事には欠かせない貴重な働き手でした。

それゆえ、名主にとっても若者組の要求は無視できなかったと考えられます。一方で、資料文❷に「禁じられている博打に興じる者もいた」とあるとおり、羽目を外す若者もいたのでしょう（それは現代でも変わりありません）。要求をすべて呑んでいたら、村の秩序が維持できなくなってしまいます。そこで、名主は村役人の寄合で一部の要求を受け入れて、若者組との折り合いをつけたのです。

このように、**祭礼行事に関わる休日、農作業に関わる休日、そして、若者組の求めに応じて認めた臨時の休日と、村民の結束を固め村の秩序を維持するために設定された**とまとめることができます。

続いて設問**B**では、18世紀末に幕府や藩が「遊び」をより厳しく規制しようとした事情が問われています。設問文では「農村社会の変化を念頭において」と条件が付けられていますが、近世中期（18世紀）以降には農民層の階層分化という大きな変動が生じており、それが村の自治的な組織を揺るがせていました。

17世紀後半の元禄期に江戸・大坂・京都の三都を中心とする全国流通網が完成し、商品作物の栽培などを通じて農村に貨幣経済が浸透すると、18世紀前半の享保期のころから農民層の階層分化が進行しました。簡単に言うと、豪農層は収益力を高める一方、貧農層は支出がかさんで、経済格差が生じたということです。貧農層のなかには土地を手放して水呑百姓に転落し、さらには村を捨てて都市に移住する者も現れます。

こうした事態は小農から〈小さな幸せ〉を奪っただけではなく、村の自治的な組織にも深刻な影響を与えました。18世紀半ば以降、各地で貧農層の小百姓が豪農層の村役人の不正を糾弾する、村方騒動《むらかたそうどう》が見られるようになります。**村民が一枚岩で結束することができなくなっていた**のです。また、村をこえて一揆が藩全体に広がる、全藩一揆などもおこりました。

このように、村の自治的な組織が揺らぐことは、それに依存して支配を行っていた幕藩にとっても大問題であり、とりわけ、資料文❹に見られるように、芝居や相撲興行などを通じて近隣の村々とも関わりをもつ若者組は、村の秩序を破壊しかねない存在として「危惧」されました。それゆえ、英気を養うという本来の目的から逸脱した「遊び」を、幕藩は「より」厳しく規制しようとしたと考えられます。

解答例

A小農による農業経営の共同体であり村役人を中心に自治が行われた近世の村では、農事や祭礼に合わせて休日が設定され、また集団で行動する若者組の要求を一部認めることで秩序の維持を図った。
B貨幣経済の浸透により農民層の階層分化が進む中で、村の枠をこえ行動する若者組の存在が村の自治組織を動揺させることを恐れた。

musubime

歴史の結び目

近世の終わりと近代の芽生え

前問の最後で述べた「近世後期における社会の大きな変動」の原動力となったのが、今見た農民層の階層分化です。19世紀に入ると、貧農層が手放した土地を豪農層が集積する形で、地主制が成立しました。幕藩は農民から徴収する年貢を財政基盤とし、また、村の自治的な組織に依存して支配を行っていましたが、階層分化の進行がその根っこの部分を朽ちさせたのです。

しかし、それは近世の終わりであると同時に、近代の芽生えでもありました。地主制は、地主が蓄えた富を株式や債券に投資し、小作層から安価な労働力が供給されるという形で、明治時代の資本主義経済の発達の基盤となります。階層分化の進行はその基盤を準備したとも捉えられるのです。

欧米以外の国でなぜ日本だけが19世紀の段階で近代化を達成することができたのか？

これは、歴史の学びを通じて考えるべき大きな問いです。それに対して、筆者は**「近世の段階で近代を受け入れる基盤が築かれていたから」**という答えを用意していますが、階層分化の進行と地主制の成立はその要素の一つにすぎません。近世・15では、学問の発達という観点からこの問いについて改めて考えたいと思います。

琉球王府が語った架空の「トカラ島」とは？

2006年度第3問

「一つ」ではない日本

私たちが今こうして生きている日本というこの国は、小さな島国であるがゆえに、古代からずっと一つのまとまりであるかのように思えますが、けっしてそうではありません。北に目を向ければ、蝦夷ヶ島《えぞがしま》（現在の北海道）ではアイヌが交易を中心とした生活をしており、本州から渡ってきた松前《まつまえ》氏の支配下に入ったのは江戸時代のことでした。

そして、南に目を向ければ、琉球（現在の沖縄県）には日本列島では室町時代にあたる15世紀前半に琉球王国が成立し、東アジアから東南アジアまでの海を股にかけた貿易で繁栄を遂げていました。沖縄は、日本地図で見ると日本の南西端にありますが、世界地図で見ればアジアの海上の要所に位置することが見て取れます。琉球王国は、この地理的条件を活かして、日本列島に成立した朝廷や幕府とは異なる海洋国家として、独自の発展を遂げたのです。

こうした、「日本」の国制には入らなかった地域に目を向けることは、自明に思える「一つの日本」というイメージを突き破り、この国のあり方を多角的に捉えることにつながるでしょう。

さて、19世紀半ばの幕末に列強各国が江戸幕府に開国を迫っていたころ、琉球にも多くの使節が訪れました（ペリーも那覇に立ち寄ってから浦賀に来航しています）。東アジア市場への進出を目論む列強各国は、貿易船や捕鯨船の寄港地としての価値を琉球に認めていたのです。

しかし、時の琉球王府は、次の東大日本史の問題で取り上げられているように、「トカラ島」という架空の島を持ち出して、フランス海軍提督の要求を突っぱねました。そこには、日本が中国という強国に対峙《たいじ》しながら培ってきた外交能力（古代・02参照）以上に、小国として生き延びるための対外交渉の知恵が詰まっています。

問題14

次の文章❶❷は、1846年にフランス海軍提督が琉球王府に通商条約締結を求めたときの往復文書の要約である。これらを読み、下記の設問A・Bに答えなさい。

❶〔海軍提督の申し入れ〕北山《ほくざん》と南山《なんざん》の王国を中山《ちゅうざん》に併合した尚巴志《しょうはし》と、貿易の発展に

寄与した尚真《しょうしん》との、両王の栄光の時代を思い出されたい。貴国の船はコーチシナ（現在のベトナム）や朝鮮、マラッカでもその姿が見かけられた。あのすばらしい時代はどうなったのか。

❷

［琉球王府の返事］当国は小さく、穀物や産物も少ないのです。先の明《みん》王朝から現在まで、中国の冊封《さくほう》国となり、代々王位を与えられ属国としての義務を果たしています。福建《ふっけん》に朝貢に行くときに、必需品のほかに絹などを買い求めます。朝貢品や中国で売るための輸出品は、当国に隣接している日本のトカラ島で買う以外に入手することはできません。その他に米、薪、鉄鍋、綿、茶などがトカラ島の商人によって日本から運ばれ、当国の黒砂糖、酒、それに福建からの商品と交換されています。もし、貴国と友好通商関係を結べば、トカラ島の商人たちは、日本の法律によって来ることが禁じられます。すると朝貢品を納められず、当国は存続できないのです。

フォルカード『幕末日仏交流記』

設問

A 15世紀に琉球が、海外貿易に積極的に乗り出したのはなぜか。中国との関係をふまえて、2行（60字）以内で説明しなさい。

B トカラ島は実在の「吐噶喇《とから》列島」とは別の、架空の島である。こうした架空の話により、琉球王府が隠そうとした国際関係はどのようなものであったか。歴史的経緯を含めて、4行（120字）以内で説明しなさい。

（2006年度・第3問）

琉球王国の成立

琉球で国家形成へと動き始めたのは、日本列島では平安後期にあたる12世紀ごろです。大陸から穀物栽培の技術や鉄器文化がもたらされ、それとともに琉球社会内部での交流が活発化したことが背景にあると考えられます。各地に按司《あじ》と呼ばれる首長が出現し、グスクという城砦を構えて抗争を繰り広げました。そこで、この時代をグスク時代と言います。

やがて14世紀には、北山・中山・南山の3つの勢力圏へと統合されていきました（三山《さんざん》時代）。そのころ、中国では1368年に朱元璋《しゅげんしょう》（太祖洪武帝《たいそこうぶてい》）が明を建国し、諸国に朝貢を求めていきます（後述）。これに応えて中山国王察度《さっと》が弟の泰期《たいき》を遣わし、残る北山・南山の2国も対抗して入貢して、それぞれ冊封を受けました（前近代の中国を中心とする東アジアの伝統的秩序である冊封体制については、古代・02参照）。

　この分立状態から琉球全土を統一したのが尚思紹《しょうししょう》・尚巴志の父子です。思紹は中山の拠点であった浦添《うらそえ》グスクを攻め、中山王となります（第一尚氏王朝）。その後、首里《しゅり》（現在の那覇市）に本拠地を移して、子の尚巴志が1416年に北山を、1429年に南山を滅ぼして、ここに三山の統一が成りました（琉球王国の成立）。

　ですが、尚氏の地位は絶対的なものではなく、按司どうしの対立は続きます。1469年に7代国王・尚徳《しょうとく》が亡くなると、貿易の責任者であった金丸《かなまる》がクーデターを敢行、王位を奪いました。金丸は尚円《しょうえん》と名乗り、明にも朝貢します（第二尚氏王朝）。そして、子の尚真の時代には各地の按司が首里に集められ、王権の基盤が確立、貿易立国による黄金時代を迎えるのです。

琉球三山

明の海禁政策と中継貿易

明を建国した太祖洪武帝は、周辺諸国の王に朝貢させ、爵位・称号を授けるという、中国を中心とする伝統的な国際秩序（冊封体制）の回復を目指しました。日本の室町幕府を含む周辺諸国の支配者に入貢を求めたのも、そのためです。一方で、中国沿岸で猛威を振るう倭寇を禁圧するため、中国人商人の海外渡航を禁止する政策（海禁政策）をとりました。明は、海外の産品を入手するルートを、自ら断ってしまったのです。

そこで期待を寄せたのが、海上の要所に位置する琉球でした。**明は、琉球王国に朝貢させる形で中継貿易を行わせようとした**のです。明の琉球王国に対する優遇ぶりは、入貢用の大型船をプレゼントし、外交・貿易のノウハウのある江南人《こうなんじん》（長江南部に住む漢民族）を送り込んでいることからも明らかです。1年1貢という異例の朝貢回数を認められた琉球は、三山時代と合わせて実に171回も入貢を行っています（ちなみに、日本の室町幕府の入貢［日明貿易］は、150年近くの間にわずか19回です）。

明が当初ほしがったのは琉球産の馬と火薬の原料である硫黄でしたが、14世紀末には蘇木《そぼく》（染料）・乳香《にゅうこう》（香料）・胡椒といった東南アジアの産品が中心になります。明から輸出されたのは銅銭や陶磁器・生糸などです。こうして中世の琉球は、明の冊封体制の下で保護を受けながら、中継貿易で栄えたのです。資料文❶でフランス海軍提督が言う「両王の栄光の時代」とはそのようなものでした。設問**A**はこうした内容を簡潔にまとめれば良いでしょう。

日中両属状態に置かれた江戸時代

ですが、その繁栄は長くは続きませんでした。明は、北方からのモンゴル族の侵入に悩まされており（南方の海岸部を襲う倭寇と合わせて、「北虜南倭《ほくりょなんわ》」と言います）、１４４９年に土木《どぼく》の変で敗北を喫すると、万里の長城の修復などに力を奪われ、南方は自然と手薄にならざるを得ませんでした。

その間隙を縫うようにして、中国人密貿易商の暗躍が始まります。海禁政策の統制が利かなくなるなかで、彼らは東シナ海から南シナ海にかけて独自のルートを開発し、安南《あんなん》（ベトナム）やフィリピン

中継貿易

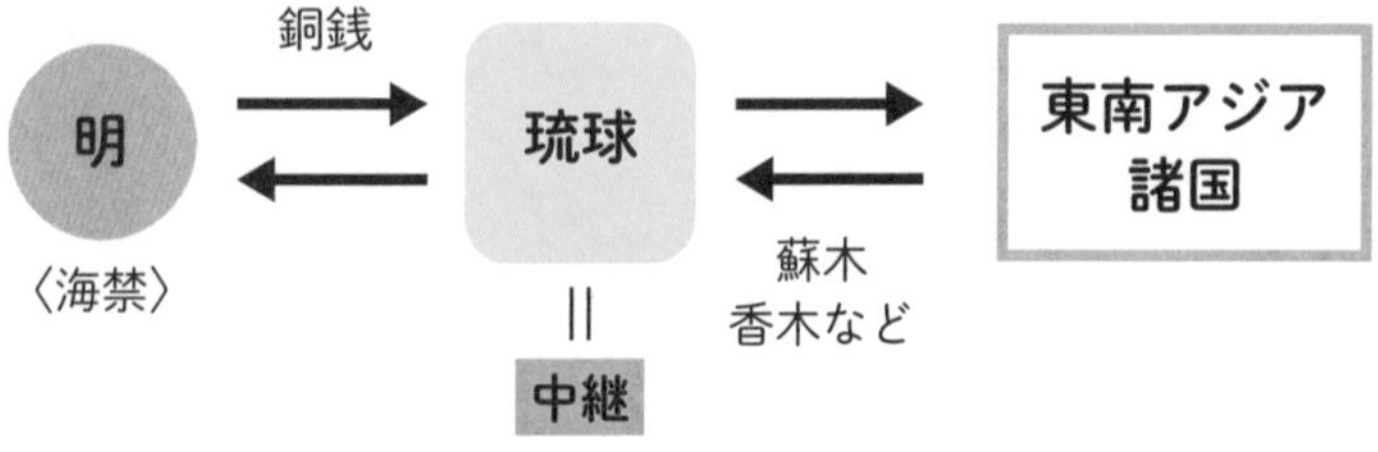

に出向いてさかんに私貿易を行ったのです。

16世紀になると、そこにポルトガル人が進出してきます。ポルトガルは1510年、インドのゴアを占領して海軍の基地を置き、翌1511年にはマラッカ王国を滅ぼして貿易の拠点としました。そして、中国人密貿易商と結託して東アジアの海域に現れたのです。

1543年にポルトガル人が種子島に漂着して鉄砲を伝えたことはご存じですね。『詳説日本史』には、「中国人密貿易商人の有力者王直《おうちょく》の船に乗ったポルトガル人が大隅《おおすみ》の種子島に来航し、**鉄砲**をもたらした」と記されています。中国人密貿易商は、かつては日明貿易の終了後に出現した「後期倭寇」であるとされていましたが、最近では東アジア世界全体を見渡した視点で捉え直されています。

こうしたなかで、琉球の貿易上の優位性は失われていきます。**明の保護の下に行われていた中継貿易ですから、その後ろ盾がなくなれば衰えるしかなかった**のです。そこに、日本からの侵攻が始まります。豊臣秀吉の朝鮮侵略に際しては、薩摩の島津義久《しまづよしひさ》から兵糧米などの負担を求められました。そして、1609年に島津家久に軍を送られると、さしたる抵抗もできぬまま首里を占領されてしまうのです。

その後、江戸時代には、薩摩藩を介して幕府に、将軍の代替わりごとに慶賀使が、琉球国王の代替わりごとに謝恩使が遣わされました。使節の行列には異国風の服装が強要され、将軍が異民族を服属させているかのような演出も行われています。
一方で、見かけ上は独立国として中国との冊封関係は維持されました。**江戸時代の琉球王国は、日中両属の状態に置かれた**のです。

琉球王府は独立を望まなかった

さて、設問**B**は、「トカラ島」という架空の話で「琉球王府が隠そうとした国際関係」について問うています。予備校界で流通する解答例は、今見た日中両属関係について指摘して終わっているのですが、何か腑に落ちません。と言うのも、もしも琉球王府が日中双方からの独立を望んでいるのならば、列強からの使節はホワイト・ナイト（助けとなる存在）であって、それを「隠そうと」する必要などないからです。裏返せば、**琉球王府は日中両属関係を維持したいと考えているのであって、そう考える理由にこそ本当に〈隠したいもの〉があるということになります。**

19世紀前半になると、薩摩は琉球ルートを利用した中国（清《しん》）との密貿易に乗り出します。松前（蝦夷地）からもたらされた［注］俵物《たわらもの》や、専売制を敷いた奄美産の黒砂糖を、長崎出島を通さずに取り引きし、利益を上げようとしたのです。そこには、幕府の「鎖国」政策の動揺が如実に表れています。また、琉球にとっても米などの必需品の入手に薩摩は欠かせない存在でした。

資料文❷で語られている「トカラ島」が薩摩を指していることは、もう明らかでしょう。琉球王府は、列強と「友好通商関係を結べば」、こうした貿易が途絶えて「当国は存続できない」と訴えているのです。日中両属の下で薩摩や幕府に頭を下げ、密貿易に利用されながらも、それを逆利用する形で必需品を手に入れているのが、対外関係上最も安定するということを、琉球王府は分かっていました。

独立を望まない。それこそが琉球王府が生き延びる知恵だったのです。

［注］俵物……いりこ（なまこの腸を抜き取り、煮て干したもの）・ふかひれ・干しあわびなどの海産加工物を俵に詰めたもの。原料は北海の漁場でとれ、長崎出島から中国にさかんに輸出された。

琉球の立場

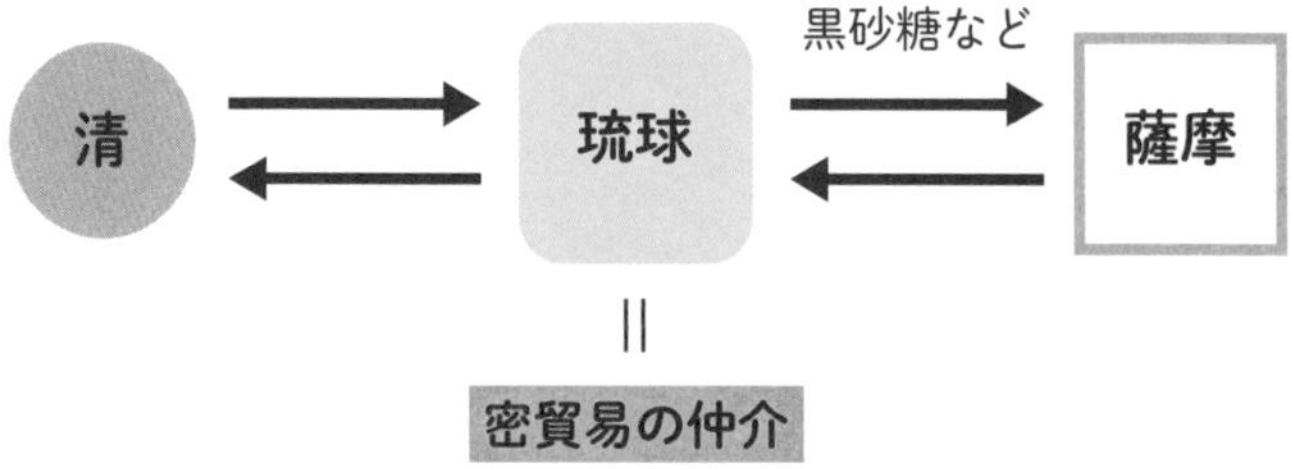

解答例

A 明が倭寇禁圧のため海禁政策をとるなかで、朝貢形式で中継貿易を行うことで、海外の産品を入手するルートとしての期待に応えた。

B 琉球王府は近世初頭に島津氏に征服されて以降、薩摩藩の支配を受け幕府に使節を送る一方、中国との冊封関係も維持するという日中両属関係にあった。近世後期には、この関係を利用して薩摩と清との密貿易の窓口となるとともに、必需品も薩摩から入手していた。

歴史の結び目

大国の思惑に振り回される沖縄

問題を通して見てきたように、**琉球（沖縄）にとって海上の要所であるということが小国として生き延びる糧であったわけですが、それゆえに大国の思惑に振り回されることになります。**

近代から現在にいたるまでの沖縄の歩みはまさにそうでした。

19世紀後半、欧米列強に追いつき近代国家の一員となることを目指した明治新政府は、東アジアにおける伝統的な国際秩序である冊封体制を否定し、琉球を日本領に組み込もうとしました。1872年に琉球藩を設置して直属とした明治新政府に対し、琉球王府は中国（清）との関係継続を望みますが、結局、1879年に沖縄県の設置が強行されました。この一連の過程を琉球処分と言います。

しかし、沖縄県には人頭税などの旧制度が温存され、本土との経済的格差から人口の流出が止まりませんでした。そして、太平洋戦争末期には住民を巻き込んだ戦闘が行われ、戦後も長らくアメリカの軍政下に置かれることになります。

戦後、アメリカが沖縄・奄美・小笠原を本土から切り離し、直接軍政下に置いたのは、東アジアの要所である沖縄に基地を置くためでした。実際、ベトナム戦争（1965〜73）の際には、沖縄が出撃基地となります。そして、1972年の沖縄施政権返還に際しても、基地の存続が条件となり、今なお0・6%の国土に70%以上の基地が集中している状況が続いているのです（戦後の沖縄の歴史については、一橋大の入試問題を扱った『歴史が面白くなる ディープな戦後史』［KADOKAWA］で解説しました）。

沖縄の人たちは、本土の人たちと、経験してきた歴史も、そこから培われた考え方も違います。日本は「一つ」ではない。このことを踏まえて、基地を含めた今後の沖縄のあり方を考えていく必要があるでしょう。

幕府はなぜ独自の暦を作ったのか？

2020年度第3問

暦の持つ象徴的な意味

中世・06で、元号は天皇（君主）の支配を象徴するものであり、その元号を用いることは天皇（君主）が支配する世界に時間的に組み込まれることを意味すると説明しました。これと同様の意味は、暦にもあります。**暦を作成し、配布して、使用させるということは、この世界の時間を支配し、それに従わせるという象徴的な意味を持った**のです。

古代・02で見た前近代の東アジアにおける伝統的な国際秩序である冊封《さくほう》体制でも、朝貢し冊封を受けた周辺諸国の支配者に対して中国皇帝から暦が与えられ、本来はその使用が義務付けられていました。ただし、遵守が求められたわけではありません。むしろ、冊封体制には多分にそうした「ユルさ」があり、それゆえにこそ古代の日本の朝廷のように「たて前」として対等な立場を主張することができたと言えるでしょう。ですが、朝貢国に対して暦を与えるということには、やはり象徴的な意味がありました。
室町幕府の3代将軍・足利義満が1401年に行った明《みん》への遣使について、『詳説日本史』には、次のような注が付されています。

国交を開くに当たり、義満は明の皇帝から「日本国王源道義《げんどうぎ》」（道義は義満の法号）宛の返書と明の暦《こよみ》を与えられた。（中略）以後、将軍から明の皇帝に送る公式文書には「日本国王臣源《しんげん》」と署名した。また、暦を受けとることは、服属を認める象徴的な行為であった。

義満は明の皇帝から「日本国王」の称号を賜りました。つまり、冊封体制に組み込まれたわけです。以降行われる日明貿易もこの枠組みに基づき朝貢形式で行われましたが、ここでは義満に対して称号とともに暦が付与されていることに注目してください。暦の持つ象徴的な意味は、中世においても変わりなかったのです。

しかし、**中国の暦を受け入れるということは、中国皇帝の時間世界に支配されるということ**でもありますから、朝廷や幕府が日本独自の暦を作りたいという欲望をもっても不思議ではありません。はたして、中国（明のち清《しん》）と正式な国交を結ばなかった江戸幕府は暦の作成に乗り出しました。次の東大日本史の問題は、江戸時代に暦がいかにして作られたのかを問います。

問題15

次の❶〜❺の文章を読んで、下記の設問A・Bに答えなさい。

❶ 日本では古代国家が採用した唐の暦が長く用いられていた。渋川春海《しぶかわはるみ》は元《げん》の暦をもとに、明で作られた世界地図もみて、中国と日本（京都）の経度の違いを検討し、新たな暦を考えた。江戸幕府はこれを採用し、天体観測や暦作りを行う天文方《てんもんかた》を設置して、渋川春海を初代に任じた。

❷ 朝廷は幕府の申し入れをうけて、１６８４年に暦を改める儀式を行い、渋川春海の新たな暦を貞享暦《じょうきょうれき》と命名した。幕府は翌１６８５年から貞享暦を全国で施行した。この手順は江戸時代を通じて変わらなかった。

❸ 西洋天文学の基礎を記した清の書物『天経或問《てんけいわくもん》』は、「禁書であったが内容は有益である」と幕府が判断して、１７３０年に刊行が許可され、広く読まれるようになった。

❹ １７５５年から幕府が施行した宝暦暦《ほうりゃくれき》は、公家の土御門泰邦《つちみかどやすくに》が幕府に働きかけて作成を主導したが、１７６３年の日食の予測に失敗した。大坂の麻田剛立《あさだごうりゅう》ら各地の天文学者が事前に警告した通りで、幕府は天文方に人員を補充して暦の修正に当たらせ、以後天文方

の学術面での強化を進めていった。

❺ 麻田剛立の弟子高橋至時《たかはしよしとき》は幕府天文方に登用され、清で編まれた西洋天文学の書物をもとに、1797年に寛政暦を作った。天文方を継いだ高橋至時の子渋川景佑《しぶかわかげすけ》は、オランダ語の天文学書の翻訳を完成し、これを活かして1842年に天保暦を作った。

設問

A 江戸時代に暦を改めるに際して、幕府と朝廷はそれぞれどのような役割を果たしたか。両者を対比させて、2行（60字）以内で述べなさい。

B 江戸時代に暦を改める際に依拠した知識は、どのように推移したか。幕府の学問に対する政策とその影響に留意して、3行（90字）以内で述べなさい。

（2020年度・第3問）

改暦に見える朝廷と幕府の関係

まず、設問Aでは、暦を改める際に幕府と朝廷が果たした役割が問われています。そこには、近世・12で見たような両者の相互依存的な関係が見られて興味深いですが、その前に、江戸時代に改暦が行われるにいたった経緯について説明しましょう。

資料文❶で述べられているとおり、「日本では古代国家が採用した唐の暦が長く用いられて」いました。その暦とは、862年に朝廷が採用を決定した宣明暦《せんみょうれき》です。この暦が、実に江戸時代前期まで800年以上にわたって使用されてきました。しかし、それだけ長く使っていれば、誤差も蓄積します。実際の天の運行よりも2日ほど早く、月食や日食の予測も当たらない状態でした。また、宣明暦をもとに各地で民間暦が作られていましたが、地域によって日付にズレが生じており、統一的な暦が求められていました。

そこで、日本初の暦の作成に名乗りを上げたのが、幕府碁所《ごどころ》の安井家に生まれた渋川春海（二世安井算哲）です。春海は囲碁棋士としても、現在もタイトルに名を残す本因坊《ほんいんぼう》家の道悦《どうえつ》・道策《どうさく》らと将軍の御前での対局（御城碁）を行うほどの実力の持ち主でした。しかし、安井家は養子が継ぎ、春海は数学・暦法の研究に打ち込んで、各地で緯度・経度の計測なども行いました。そうしたなかで、暦の作成を志すのです。

もう一度、資料文❶をご覧ください。春海は、中国の「元の暦」（授時暦《じゅじれき》と言います）をもとにしながらも、「中国と日本（京都）の経度の違い」によって生じる時差を考慮に入れ、さらに、自ら行った「天体観測」のデータも加味して、オリジナルの暦を作りました。そのころ朝廷では明の大統暦《だいとうれき》を採用しようとしていましたが、春海は中国の暦をそのまま用いても誤差が生じると主張し、結局、春海の暦が採用されることになったのです。資料文❷にあるとおり、この暦は1684年に朝廷によって貞享暦と命名され、翌年に幕府によって全国に施行されました。

以上の内容を踏まえて、設問Aについて考えましょう。まず、**暦を実施する役割を担ったのは、全国の一元的な支配者**（近世・11参照）**である幕府**です。また、渋川春海が初代の天文方に任じられていることから、暦の作成も幕府の手に委ねられたと捉えられます。古代以来、暦の編纂は朝廷の専権事項でしたが、朝廷にその力がなかったことは、800年以上改暦できなかったことからも明らかです。そこで、貞享暦以後も幕府が代わって暦の作成に当たることになりました。

一方で、**改暦の儀式や暦の命名は朝廷によって行われています。**暦と元号によってこの国の時間世界を築き上げているのは天皇であり、天皇に任命される征夷大将軍という関係を考えれば、将軍が天皇に代わって時間を支配することは無理でした。そこで、幕府としても朝廷に対して暦を権威付ける役割を期待します。近世・12で見たように、朝廷と役割を分担し、〈融和〉を図りながら、その伝統的権威を〈利用〉しようとしたのです。

ヨーロッパの学問の知識を活かす

続いて設問Bは、改暦に際して依拠した知識がどのように推移したのかが問われています。暦を作るには、天文学・数学・地理学をはじめとするさまざまな知識が必要です（裏返せば、朝廷はその知識を欠いていたために改暦できなかったのです）。資料文❶に「元の暦をもとに、明で作られた世界地図もみて」とあるとおり、渋川春海は貞享暦を作成する際に中国の知識を参照しています。ですが、幕府がそれに満足していたわけではありません。その後の改暦にあたっては**ヨーロッパの学問の知識を取り入れながら、より正確な暦の作成を目指していた**ことが、資料文❸～❺からうかがわれます。

順番が前後しますが、資料文❹をご覧ください。1755年に貞享暦に代わって施行された宝暦暦は、その完成にいたるまでに複雑な事情があり、施行後もいわくが付きました。

貞享暦に代わる新たな暦の作成に意欲を見せたのが、8代将軍の徳川吉宗でした。当時、清

（中国）で用いられていた暦がヨーロッパの天文学の技法を取り入れていたことを知った吉宗は、渋川則休《しぶかわのりよし》らに研究を命じました。しかし、吉宗が亡くなったことでその計画は頓挫し、改暦の主導権は朝廷の陰陽寮《おんようりょう》の長官（陰陽頭《おんようのかみ》）である土御門泰邦に奪われてしまいます。古来、暦の算出法は陰陽家の土御門家が独占していました。泰邦の動きは貞享暦で奪われた主導権を取り戻そうとしたものと捉えられるでしょう。

しかし、泰邦の知識が不十分であったため、完成した宝暦暦は貞享暦に劣るものとなってしまいました。資料文❹にあるとおり、１７６３年には日食の予測に失敗します。逆に、その日食を見事に的中させたのが、独学でケプラーの法則などを修めた大坂の麻田剛立でした（ちなみに、月のクレーターの一つ・アサダにその名を残しています）。その後、宝暦暦は修正が繰り返されますが、評判の悪さはいかんともしがたく、資料文❺にあるとおり、幕府天文方により寛政暦が作られることになります。その時に作成を担ったのが、麻田剛立の弟子の高橋至時でした。

ここで、資料文❸に戻ってください。『天経或問』の刊行が許可された１７３０年というのは、吉宗によって享保の改革が行われていた時期です。吉宗は、**ヨーロッパの学問は産業の発展に役立つ実学であるとして奨励し、キリスト教の関連書を除く漢訳洋書の輸入制限を緩和**しました。長崎に到着した中国の書籍は、幕府の長崎奉行によって検査されたうえで、許可が下りると国内での自由な流通が認められたため、ヨーロッパの学問の受容が進みました（なお、その事情を問う問題も東大日本史では出題されており、『大人の学参　まるわかり日本史』〔文藝春秋〕で取り上げていますので、こちらもお読みください）。

ふたたび資料文❹を見ると、宝暦暦の失敗を教訓に、幕府は「天文方の学術面での強化」を図ったことが分かります。ここで言う「学術面」とは、もちろんヨーロッパの天文学です。資料文❺にあるとおり、寛政暦は「清で編まれた西洋天文学の書物」をもとに作成されました。こうしたなかで、中国の翻訳書に頼らずに、ヨーロッパの書籍から直接学ぼうという機運が高まるのは当然と言えるでしょう。寛政暦に続く天保暦は、渋川景佑による「オランダ語の天文学書の翻訳」をもとに作られることになります。

解答例

A 朝廷が改暦の儀式と新暦の命名により暦を権威づける役割を果たす一方で、幕府は暦の作成と全国への施行という実務面を担った。

B 17世紀後半の貞享暦は中国の知識に依存して作られたが、18世紀前半に漢訳洋書の輸入制限が緩和されると翻訳書を通じて西洋の学問が取り入れられ、18世紀末の寛政暦はそれをもとに作成された。

歴史の結び目

江戸時代に培われた科学の精神

本問で見た幕府による暦の作成の経過は、近世における科学の発達をなぞっています。近世・13の終わりで「欧米以外の国でなぜ日本だけが19世紀の段階で近代化を達成することができたのか?」という問いを掲げ、その要因の一つとして地主制の成立を指摘しましたが、ヨーロッパの学問の受容もそれに付け加えることができるでしょう。

しかし、ここに新たな問いが生じます。暦の作成の過程に見られるとおり、近世の日本は、なぜヨーロッパの学問の価値を評価し、受容することができたのでしょうか?

その答えは、じつは教科書に書かれています。本書でたびたび引用してきた『詳説日本史』にはこうあります。

儒学の発達は、合理的で現実的な考え方という点で、ほかの学問にも大きな影響を与えた。

近世において幕藩体制を支える教学であった儒学が、合理的で実証的な科学の精神を養ったと言うのです。

実際に、儒学のなかでも特に重きを置かれ、幕府に採用された朱子学は、理気《りき》二元論というきわめて論理的な体系をそなえています。簡単に言うと、理は万物を貫く宇宙の原理・本質、気は万物のもととされる材料となる物質のことです。理気二元論では、理が気を支配し、気が理に従って構成されることで万物は生成されると考えます。そして、理と気によって人間のあり方も説明しました。人間は、生まれながらにして善の本質をそなえた理としての本性（本然《ほんぜん》の性《せい》）と、気としての肉体がもつ欲望に歪んだ性質（気質の性）の両者がそなわっている、だから、気質の性を矯正して本然の性を養うべく、心につねに敬《つつし》みの気持ちをもち（居敬《きょけい》）、理の究明に努めよ（窮理《きゅうり》）と説いたのです。

このように、朱子学には、万物の生成変化から人間の持つべき道徳までのすべてを一貫した論理で説明するという、合理的精神が息づいていました。そして、そうした精神が、同じく合理的な体系をそなえたヨーロッパの学問の受容を可能としたのです。

19世紀半ば以降の開国と江戸幕府の滅亡、そして、明治維新を経て、近世のうちに築かれた基盤の上に近代が花開いていきます。次の問題からは、章を改めてその様相を見ていくことにしましょう。

第4章 近代

大久保利通が描いた日本の将来像とは?

1994年度第4問

国家のグランドデザイン

勝《かつ》義邦《よしくに》（海舟）・坂本龍馬など、幕末に登場する歴史上の人物に心打たれるのは、列強の接近、そして開国というそれまで安住していた近世社会を根本から揺るがす事態に直面して、新しい国づくりの志を抱き、文字どおり命を賭して行動したからでしょう。彼らの活動は明治維新（当時は「御一新」と呼ばれました）という形で結実し、1868年には五箇条の誓文で公議世論・開国和親など新政府の基本方針が定められました。

西郷隆盛・木戸《きど》孝允《たかよし》とともに「維新の三傑」と並び称される大久保利通もその1人です。大久保は、後述する岩倉使節団で得た欧米各国での見聞をもとに、この国の目指すべき方向性について意見書を提出しました。それは、**この国にふさわしい政体（政治体制）という、まさに国家のグランドデザインを示したものであり、後の大日本帝国憲法へとつながっていきます。**

次の東大日本史の問題で、大久保がこの国の未来をどのように描いていたのかを見ていきましょう。

問題16

1873（明治6）年、大久保利通は岩倉使節団の欧米視察の経験をもとに、政府に対して政体を定めるよう建言した。次の引用文はその一部である。これを読んで下記の設問に答えよ。なお、引用文は現代語に改め、一部は要約してある。

❶ 政体には、君主政治、民主政治、君民共治（後にいう立憲君主制）の三種類がある。

❷ 民主の政は、天下を一人で私せず、広く国家全体の利益をはかり、人民の自由を実現し、法律や政治の本旨を失わず、首長がその任務に違わぬようにさせる政体であって、実に天の理法が示す本来あるべき姿を完備したものである。アメリカ合衆国はじめ、多くは新たに創立された国、新しく移住した人民によって行われている。

❸ 君主の政は、蒙昧《もうまい》無知の民があって、命令や約束によって治められないとき、ぬきんでた才力をもつ者が、その威力・権勢に任せ、人民の自由を束縛し、その人権を抑圧して、これを支配する政体で、一時的には適切な場合もある。

❹ イギリスは土地・人口の規模が日本とほぼ同じであるが、その国威は海外に振《ふる》い、隆盛をきわめている。それは3200万余の人民がおのおの自身の権利を実現するために国の自由独立をはかり、君長もまた人民の才力を十分に伸ばす良政を施してきたからである。

設問

大久保は諸国の政体を比較した上で、日本には君民共治の制がふさわしいと主張した。なぜそう考えたのか。当時の日本がおかれていた条件や国家目標を考えて、5行（150字）以内で説明せよ。

（1994年度・第4問）

岩倉使節団と明治六年の政変

問題を解く下準備として、大久保が史料文のような建言を行った経緯について説明しておきましょう。1871年、廃藩置県を断行して中央集権体制を一気に固めた明治新政府は、海外視察と条約改正の予備交渉を目的として、右大臣岩倉具視《いわくらともみ》を特命全権大使とする使節団を派遣します（岩倉使節団）。
新政府にとって、幕末に結ばれた不平等条約（領事裁判権・協定関税制）の撤廃は悲願でした（次問で後述）。大久保をはじめ、木戸孝允・伊藤博文など中心メンバーがこぞって使節団に参加しているところからも、その意気込みが分かります。あるいは、この国はすでに近代国家に生まれ変わり、対等な条約を結ぶ資格を得たとの自負があったのかもしれません。奈良時代の、大宝律令を完成させ、満を持して送った大宝の遣唐使（古代・02参照）になぞらえることもできるでしょう。

しかし、交渉は最初の訪問国アメリカで全権状の不備などを指摘されて挫折し、以降は使節団は列強各国の政治制度や産業の発展状況などの視察に努めました。そして、大久保ら一行は、列強と日本の国力の差を痛感し、**交渉よりも国内体制の整備（内治）が先決である**との認識を強くして、2年後の1873（明治6）年に帰国します。このあたりも、大宝の遣唐使後に、平城京の建設や養老律令の制定など唐の「完コピ」を目指したことと重なり合い、「歴史は繰り返す」を実感させられるところです。

さて、使節団が外遊中の政府は西郷隆盛・板垣退助らに任されており、これを留守政府と呼んでいます。留守政府は、大規模な改革を行わないとする出発前の約束を破り、学制[注1]・徴兵[注2]制などを強引に進めました（なお、近年では、これらの改革は「廃藩置県の後始末」という約束事の範囲内であったとする説も有力です)。

そして、鎖国政策をとる朝鮮に対して武力で開国を迫るという征韓論を主張し、西郷らの朝鮮への派遣を決定しました。そこには、新政府の近代化政策に対して不満を強める士族の目を、海外に向けさせようという思惑もあったようです。しかし、帰国した大久保らは、内治が優先であると主張して、「渡韓の儀」の天皇への奏上を最後の最後で阻止しました。敗れた西郷らは下野します(明治六年の政変)。そして、ある者は不平士族を率いて蜂起し、ある者は自由民権運動に身を投じるのです。

政変後の政府では大久保が中枢を担うことになります(大久保政権)。大久保は、内治を進めるため内務省を設置し、自ら内務卿《きょう》(長官)に就きました。内務省は、地方行政・警察・勧業・交通通信などを一手に担う、戦前最大の巨大官庁でした(戦後、GHQの占領政策により解体)。そして、大久保はこの内務省を拠点に、使節団での見聞を活かしつつ、本格的な国づくりに取り組みました。その手始めとして提出されたのが、資料文の建言だったのです。

[注1] 学制……1872年、国民皆学《かいがく》を目指して公布された、学校制度を定めた法令。全国を8大学区に分け、さらに各大学区を32中学区、そのまたさらに各中学区を210小学区に分けることで、画一的に全国に学校を建設するというものであったが、小学校の建設費用は住民の負担とされたことや、家業にとって重要な労働力である子どもをとられることから、各地で反対一揆が相次いだ。
[注2] 徴兵制……明治新政府は国民皆兵を原則とする近代的な軍隊を創設すべく、

1873年に徴兵令を発布して満20歳以上の男子に3年間の兵役の義務を課した。しかし、学制と同様に労働力を奪われることへの不満から反対一揆が相次いだ。前年の徴兵告諭にあった「西人之ヲ称シテ血税ト云フ」との文言に対する誤解もあり、血税一揆と呼ばれる。

未来の民主政治を先取りする君民共治

問題では、大久保が「日本には君民共治の制がふさわしいと主張した」理由を、「当時の日本がおかれていた条件や国家目標」を踏まえて考えることが求められています。資料文では3つの政体が示されていますので、まずはその内容をしっかりと読み取りましょう。

まず、❷に「天の理法が示す本来あるべき姿を完備した」とあることから、大久保が君民共治と並んで民主政治を高く評価していたことが分かります。使節団が訪れた時のアメリカは、ちょうど南北戦争（1861~65）が終わった直後で、政治的にも経済的にも急成長を遂げていた時期でした。1830年代に視察旅行に訪れたフランスの政治家トクヴィルが、民主政治（デモクラシー）が社会に根付いていることに感動して『アメリカの民主政治』を著したように、大久保も民主政治にこの国の未来を見たのかもしれません。

しかし、長く封建制度の下にあり、「お上」の命に従うことを良しとしてきたこの国では、いまだ国民の政治意識は低く、民主政治は時期尚早であるということも、大久保には分かっていました。例えば、先に注で述べたとおり、学制や徴兵制といった近代化政策に対しては、貴重な労働力が奪われるといった理由から不満が高まっていました。

こうした状況では、政府が強力なリーダーシップを発揮して国家建設を進めていく、いわゆる「上からの近代化」も必要です。大久保は、❸で「一時的には適切な場合もある」と述べているとおり、当面は君主政治が妥当であると考えていました。「蒙昧無知の民」という今なら炎上しそうな言葉遣いも、大久保の目に見えた当時の国民の姿だったのかもしれません。

将来的には民主政治が理想だ、しかし、現状では強力な君主権の下で新政府が近代化を引っ張っていかなくてはならない。この両者が重なり合うところに、大久保は君民共治という政体を見出したのではないでしょうか？　❹にあるように、大久保がお手本としたのはイギリスです。**当面は「君長」の下にある新政府が「人民の才力を十分に伸ばす良政を施して」いく。そして、将来は「人民がおのおの自身の権利を実現するために国の自由独立をはか」る。それが日本の発展には一番良いと、大久保は考えた**のです。

だとすれば、大久保は当代きっての啓蒙思想家であった福沢諭吉ときわめて近い位置にあったと言えるでしょう。福沢は、明治初期のベストセラー『学問のすゝめ』で「一身独立して一国独立す」と述べて、日本が国家として独立を確保するには、個人が独立自尊の精神を持つべきことを説きました。大久保は、この国の将来的な発展には国民の力が必要であると考え、君民共治によって未来の民主政治に向けた素地をつくろうとしたのです。

解答例

明治政府の目標は条約改正を達成することであり、そのために諸制度の整備とともに富国強兵に努めて列強に並ぶ国力を養う必要があった。大久保は民主政治を理想としたが、徴兵制や学制への反対一揆が頻発するなかで、当面は強力な君主権の下で政府主導により近代化を進め、その間に民度を高めていく君民共治が良いと考えた。

musubime

歴史の結び目

大日本帝国憲法に埋め込まれたデモクラシー

大久保は１８７８年、不平士族に襲われて49歳の若さでこの世を去ります（紀尾井坂《きおいざか》の変）。しかし、この国の未来に寄せたその思いは、伊藤博文らを中心に起草されて１８８９年に発布された大日本帝国憲法に、確実に引き継がれていきました。

大日本帝国憲法は一般的に、ドイツ流の強い君主権が与えられ、国民（天皇の「臣民」とされました）の自由や権利は法律の範囲内に制限されるなど、「民主的」ではなかったと否定的な評価が下されることが多いようですが、条文を丁寧に読んでいくと、一概にはそうと言えないことが分かります。

例えば、天皇の統治権について規定した第4条には、「天皇ハ国ノ元首ニシテ統治権ヲ総攬《そうらん》シ此ノ憲法ノ条規ニ依リ之ヲ行フ」とあります。傍線部の文言は、憲法草案の審議において伊藤博文の強い意向により、起草メンバーの井上毅《いのうえこわし》らの反対を斥《しりぞ》けて採用されたものです。伊藤は、国家権力（統治権）は憲法によって抑制されるべきという、立憲主義の精神を正しく理解していました。**天皇は統治権を総覧する（すべて見る）とされましたが、だからと言って天皇が思うとおりに何でもできるというわけではなかったのです。**

そして、この規定が議会政治・政党内閣への道を開くことになります。憲法学者の美濃部達《みのべたつ》吉《きち》（東京帝国大学教授）は、天皇を国家の最高機関とする天皇機関説を展開し、統治権の行使には内閣の補弼《ほひつ》や議会の承認が必要であると主張して、後の「大正デモクラシー」と呼ばれる民主主義的な風潮を理論的に支えました。

伊藤が将来像として政党内閣を思い描いていたことは、後に立憲政友会総裁として第4次内閣を率いた（1900~01）ことからも明らかです。そして、大正末期から昭和初期にかけて、8年という短期間でしたが「憲政の常道」と呼ばれる二大政党が交互に政権を担当する時代も現れました。それも、大日本帝国憲法にデモクラシーの精神が埋め込まれていたからです。よく現行の日本国憲法と比較する形で言われるように、大日本帝国憲法が「非民主的」だったわけではありません。

しかし、「憲政の常道」は長続きすることなく、満洲事変（1931〜33）・日中戦争（1937〜45）、そして太平洋戦争（1941〜45）と、戦争への道を突き進んでいくことになります。このことは、憲法を「民主的」に運用することの難しさを示しているでしょう。

だとすれば、憲法を「民主的」に運用するという課題は、私たち現代の日本国民にも課されていると言えます。憲法改正に関する議論は今も続けられていますが、本当に問われるべきは、「憲法を改正すべきか」ではなく、「私たちは憲法を〈民主的〉に運用できているか」であり、「〈民主的〉に運用しやすい憲法とはどのようなものか」であるはずです。

東大日本史の近現代の問題（第4問）では、「立憲主義」が頻出テーマの一つになっていますが、そこからは、東大の先生方の憲法に対する問題意識が感じられます。このあと、近代・20の問題で改めて取り上げて、憲法についてさらに深掘りしたいと思います。

明治政府が三国干渉を受け入れた経緯とは？

1979年度第4問

「一等国」への試練

明治新政府にとっての最大の目標は、前問でも触れたとおり、幕末に江戸幕府が列強各国と結んだ、不平等条約の改正でした。

不平等な点は3つありました。1つめは、片務的な最恵国待遇です。これは、アメリカに認めたことはイギリスにも認めるというように、日本だけが列強各国に対して一方的に、他国に与えた最も有利な条件を付与するというもので、和親条約（1854）に盛り込まれました。本来、最恵国待遇は差別的な扱いをしないためにどの締約国に対しても認めるべきものですが、日本には認められなかったのです。

続いて、2つめの領事裁判権の承認と、3つめの協定関税制は、修好通商条約（1858）で規定されました。前者は、外国人が日本国内で法を犯した場合、その外国人の国の領事がその国の法に基づいて裁くというもので、日本の法が適用されないことから治外法権とも言われます。後者は、日本との貿易に関わる関税率は列強各国の協議によって決めるというもので、本来は持っているはずの関税自主権が日本には認められませんでした。

列強各国がこのような不平等な内容の条約を日本に押し付けた理由は明らかで、要するに、**日本を対等なパートナーとして認めていなかった**ということです。しかし、幕末の日本の状況を考えれば、当然とも言えるでしょう。憲法を中心とする近代的な諸法典もなければ、産業革命も達成していなかったのですから。

そこで、明治新政府は憲法と諸法典の編纂を進めるとともに、官営富岡製糸場（群馬県）の建設をはじめとした近代産業の育成を図りました。そして、明治時代の終わりに日清戦争（1894～95）・日露戦争（1904～05）という2つの戦争を勝ち抜いて、当時の言葉で言う「一等国」の仲間入りを果たします。

その過程において、本当の意味での試練は、日清戦争後に訪れました。清国との講和条件に、ロシアがドイツ・フランスを誘って干渉を加えてきたのです（三国干渉）。この緊迫した局面に、時の外務大臣であった陸奥宗光《むつむねみつ》は、どう対処したのでしょうか？　次の東大日本史の問題は、陸奥の回想録である『蹇蹇録《けんけんろく》』を通してそれを問いますが、そこからはまた、東アジアの辺境の地で培われた外交手腕（古代・02参照）も見えてくるでしょう。

問題17

次の文章は、ある政治家の回想録の一節である。これを読んで下記の設問に答えよ。

当日、伊藤総理提議の要領は、〔第一〕たとへあらたに敵国増加の不幸に遭遇するも、此の際断然露、独、仏の勧告を拒絶する乎《か》、〔第二〕ここに列国会議を招請し、遼東半島の問題を該会議に於て処理する乎、〔第三〕此の際むしろ三国の勧告は全然これを聴容《ちょうよう》し、清国に向ひ遼東半島を恩恵的に還付する乎の三策の中、其《そ》の一を選むべしと云ふにあり。出席文武各臣は孰《いず》れも反覆丁寧に討論を尽したる末、（中略）遂に其の第二策、即ち列国会議を招請して本問題を処理すべしと廟議《びょうぎ》あらあら協定し、伊藤総理は即夜広島を発し、翌二十五日暁天《ぎょうてん》、余を舞《まい》子《こ》に訪ひ＊、御前会議の結論を示し、尚《な》ほ余の意見あらばこれを聴かむと云へり。（中略）然《しか》れども、伊藤総理が御前会議の結論としてもたらし来れる列国会議の説は、余の同意を表するに難《かた》しとしたる所たり。其の理由は、今ここに列国会議を招請せむとせば、対局者たる露、独、仏三国の外、少くとも尚ほ二三大国を加へざるべからず、而《しか》して此の五六大国が所謂《いわゆる》列国会議に参列するを承諾するや否や、良しや孰れもこれを承諾したりとするも、実地に其の会議を開くまでには許多《あまた》の日月を要すべく、而《しか》して日清講和条約批准交換の期日は既に目前に迫り、久しく和戦未定の間に彷徨《ほうこう》するは徒《いたずら》に事局の困難を増長すべく、又凡《およ》そ此の種の問題にして一度列国会議に付するに於ては、列国おのおの自己に適切なる利害を主張すべきは必至の勢にして、会議の問題果たして遼東半島の一事に限り得べきや、あるひは其の議論枝葉より枝葉を傍《ぼう》生《しょう》し、各国互に種々の注文を持ち出し、遂に下関条約の全体を破滅するに至るの恐れなき能《あた》はず、是れ我より好むで更に欧洲大国の新干渉を導くに同じき非計なるべし、と云ひたるに、伊藤総理、松方野村両大臣も亦《また》余の説を首肯《しゅこう》したり。然《しか》らば如何《いか》に此の緊急問題を処理すべきかと云ふに至り、広島御前会議に於て既に方今《ほうこん》の形勢あらたに敵国を増加すること得計に非ずと決定したる上は、露、独、仏三国にして其の干渉を極度まで進行し来るべきものとせば、兎《と》に角《かく》我は彼等の勧告の全部若《も》くは一部を承諾せざるを得ざるは自然の結果なるべし、而して我国今日の位置は、目前此の露、独、仏三国干渉の難問題を控へ居る外、尚ほ清国とは和戦未定の問題を貽《のこ》し居る場合なれば、若し今後露、独、仏三国との交渉を久しくするときは、清国あるひは其の機に乗じて講和条約の批准を拋棄《ほうき》し、遂に下関条約を故紙《こし》空文に帰せしむるやも計られず、故に我は両個の問題を確然分割して、彼此相牽連《けんれん》する所なからしむべき様努力せざるべからず、これを約言すれば、三国に対しては遂に全然譲歩せざるを得ざるに至るも、清国に対しては一歩も譲らざるべしと決心し、一直線に其の方針を追ふて進行すること目下の急務なるべしとの結論に帰着し、野村内務大臣は即夜舞子を発し広島に赴き、右決議の趣を聖聴に達し、ついで裁可を経たり。
（注）＊舞子は兵庫県にある保養地。この回想録の筆者は、この時病気のため舞子で療養していた。

設問

「露、独、仏の勧告」に対する日本政府の対応策が、最終的に決定されるに至る論議の経過について、この回想録の筆者の情勢判断を中心に、２５０字以内で説明せよ。

（１９７９年度・第４問）

「外交に在ては被動者たるの地位を取り……」

1892年8月、第2次伊藤博文内閣の外務大臣に就任した陸奥宗光は、幕末に坂本龍馬が結成した海援隊に参加し、坂本から「刀の二本差しがなくても食っていけるのは自分と陸奥だけだ」とその才覚を評価された人物です。切れ者であることから「剃刀《かみそり》」の異名もあります。

その陸奥の前には、外交上の２つの難題が待ち構えていました。

1つめは、先に述べた条約改正です。当時、イギリスがシベリア鉄道建設計画などロシアの東アジア進出を警戒して日本に好意的な姿勢を示し始めていたため、陸奥はイギリスを相手に交渉を進めます。そして、1894年7月16日、日英通商航海条約に調印して領事裁判権の撤廃を勝ち取りました。7月25日に豊島沖《ほうとうおき》の海戦で日清間の戦端が開かれる、わずか9日前のことでした。

そして、もう一つが朝鮮半島をめぐる日清間の対立です。1880年代から生じていた、宗主権を主張する清国と輸出拡大を図りたい日本との対立は、1894年2月に宗教結社・東学がおこした反乱が朝鮮全土におよび（甲午農民戦争）、6月に鎮圧のため日清両軍が出兵すると、一触即発の状況となりました。

このような緊迫した場面における基本方針を、陸奥は回想録『蹇蹇録』（「蹇蹇」は忠義を失わないの意）に、「外交に在《あり》ては被動者たるの地位を取り、軍事に在ては常に機先を制せむ」と記しています。**軍事行動は先制攻撃が肝心だが、外交においては相手に先に行動をおこさせて責任をすべて相手に負わせ、見かけとは逆に主導権を握るのが得策である**、と言うのです。陸奥が日清開戦前に発揮した外交手腕はまさにそうでした。

陸奥は6月16日、清国側に東学の共同鎮圧と朝鮮の共同改革というまず呑めない条件を提示し、思惑どおり拒否の回答を引き出します。じつは、その前日に伊藤内閣は、①対清交渉が決着するまでは朝鮮から撤兵しない、②清が提案に応じない場合は日本が単独で朝鮮政府に改革を行わせる、という2点を閣議決定していました。もちろん陸奥は清国側にこれを伏せ、提案を拒否したことを言質《げんち》としてその実を取ろうとしたのです。

一方、日清開戦にあたっては、列強各国、とりわけ、東アジアで利害に関わるイギリス・ロシアの介入を避けなければなりませんでした。日清両国に圧力をかけながら調停を持ちかけるイギリスに対して、陸奥はここでも清国に先に、日本が撤兵しないことを理由に拒否させます。そして、イギリスが調停をあきらめ、日英通商航海条約の調印により日本支持のスタンスを示すと、ロシアも清に肩入れできず、中立の姿勢を取らざるを得なくなりました。

もちろん、『蹇蹇録』の記述からは抑えがたい功名心を割り引く必要がありますが、**国益確保に徹した陸奥の現実主義的な外交手腕によって、日清開戦に向けて最高のお膳立てがなされた**ことはたしかです。「剃刀」の異名に偽りはありません。

国益を守る選択

1894年8月1日、日清両国が宣戦布告して始まった日清戦争は、近代的な新式の装備と訓練によって培われた規律に勝る日本の圧倒的優位のうちに進みます。陸軍が遼東《りょうとう》半島の先端に位置する大連《だいれん》・旅順《りょじゅん》を占領すると、海軍も黄海《こうかい》海戦で北洋艦隊を撃破し、日本の勝利は決定的なものとなりました。

こうしたなか、清国はアメリカを介して講和を申し入れ、翌1895年3月、李鴻章《りこうしょう》北洋大臣を全権とする使節団が来日します。その後、休戦や台湾割譲をめぐって会議が紛糾するなかで、李鴻章が急進的な国家主義者に襲われるという事件がおこると、日本側も譲歩を余儀なくされ、4月17日の日清講和条約（下関条約）の締結にいたりました。

そのおもな内容は、①朝鮮の独立の承認、②台湾・澎湖《ほうこ》諸島・遼東半島の割譲、③賠償金2億両《テール》（約3・1億円）の支払い、④沙市《さし》など4港の開港、の4点です。

しかし、東アジアで南下策をとるロシアは、旅順・大連という良港のある遼東半島の割譲に反発します。そこで、4月23日、軍事密約を結ぶフランスと、同じく東アジア進出を目論むドイツを誘って、割譲は清国の都を危うくし、朝鮮の独立が有名無実化するとの理由で、日本に対して遼東半島の返還を勧告してきました。三国干渉です。

その後の受諾までの経緯は、史料文を追っていきましょう。

勧告を受け、大本営の置かれた広島では天皇臨席の御前会議が開かれ、①勧告を拒否、②列国会議を開催して処理、③勧告を受諾、の3つの策が提示され、②に決しました。しかし、肺結核により療養中の舞子で報告を受けた陸奥は、これに反対します。「其の会議を開くまでには許多の日月を要」し、「講和条約批准交換の期日」までに「事局の困難を増長」するだけでなく、会議で「列国おのおの自己に適切なる利害を主張すべきは必至の勢」であって、「遂に下関条約の全体を破滅するに至るの恐れ」があると考えたからです。列強各国の介入を回避するというのは、開戦前からの陸奥の方針でした。

しかし、日清戦争を終えたばかりの日本に、強国ロシアを敵に回して戦う力は残されていません。「方今の形勢あらたに敵国を増加すること得計に非ずと決定」した一方で、「三国にして其の干渉を極度まで進行し来るべき」という状況において、「勧告の全部若くは一部を承諾せざるを得ざる」という「自然の結果」にたどりつきます。「露、独、仏三国との交渉」が長引けば、「清国あるひは其の機に乗じて講和条約の批准を抛棄し、遂に下関条約を故紙空文に帰せしむる」可能性があったからです。

そこで、陸奥は「両個の問題を確然分割」することを提案します。**「三国に対しては遂に全然譲歩せざるを得ざる」、つまり、勧告を受け入れるけれども、「清国に対しては一歩も譲らざるべし」、つまり、講和条約の変更は許さない**というのです。結局、この意見が裁可され、5月5日に遼東半島の放棄を三国に通告、そして、5月8日に予定どおり批准書の交換を済ませます。その後、11月に清国との間で遼東還付条約が結ばれ、代償金3000万両（約4700万円）を見返りに遼東半島は返還されました。

講和においても、国益を守る現実主義的な陸奥の判断が冴えたのです。

解答例

遼東半島の返還を求める露・独・仏三国の勧告に対し、政府は初め列国会議を招請して処理する方針を決定した。しかし筆者は、清国との講和条約が批准の直前であり、会議の開催に時間を要する間に事局の困難が増長し、また、会議で各国の利害対立が表面化すれば結果的に講和条約自体が破棄されて列強のさらなる干渉を招く恐れがあるとして、これに反対した。そこで筆者が代案として示したのが、講和条約の批准と三国の勧告を別個の問題として扱い、清国には一歩も譲らぬ態度で臨み、批准後に干渉を甘受するとの指針で、これが裁可された。

歴史の結び目

列強と渡り合う重圧

陸奥は講和条約締結の2年後の1897年、長らく苦しめられていた肺結核により、54歳の若さで亡くなります。その跡を継ぎ、外務大臣として日英同盟協約（1902）・日露戦争（1904～05）・韓国併合条約（1910）といった難所を乗りこえたのが小村寿太郎《こむらじゅたろう》ですが、その小村も日米通商航海条約の調印により関税自主権の完全回復を果たした年（1911）に、種々の病が重なり57歳で亡くなりました。「一等国」を目指し列強と渡り合ってきた陸奥と小村の2人が、ともに現役を退いた直後にこの世を去っているという事実は、そのとてつもない重圧を物語っているでしょう。

さて、日本が「一等国」の仲間入りを果たし、条約改正を実現するには、近代的諸法典の編纂とともに、もう一つ必要なことがありました。それは、産業革命の達成です。近代産業を興さなければ、列強各国からは経済的に対等なパートナーとしては認められず、関税自主権の回復は果たせません。そこで、次の問題では、「労働生産性」という観点から日本の産業発展の過程を追っていきたいと思います。

労働生産性が上昇した要因は何か？

2022年度第4問

戦前から直面していた労働生産性の問題

人口減少社会に突入するなかで、１人当たりが生み出す経済的な成果をいかにして増やすかが課題となっており、それを示す指標である労働生産性に注目が集まっています。公益財団法人日本生産性本部が公表した「労働生産性の国際比較２０２２」によると、日本の時間当たり労働生産性は49・９ドルで、ＯＥＣＤ（経済協力開発機構）加盟38カ国中27位、アメリカの６割弱にとどまっていました。

このように現代の日本において労働生産性が低迷している要因としては、ＩＣＴ（情報通信技術）関連産業の立ち遅れがよく指摘されるところです。１９９０年代以降、アメリカがＩＣＴに対する積極的な投資によって新たな財・サービスを生み出し、ＧＡＦＡと総称される世界の市場を席巻する巨大企業を誕生させた一方、日本は「失われた20年」とも呼ばれる停滞状況において、アメリ力製のスマホなどの供給を受ける側の立場を余儀なくされていました。今後、ICTを利活用しながら、生産・販売・組織の多方面にわたるイノベーション（革新）を実現し、労働生産性を向上させていくことが求められています。

ところで、こうした労働生産性の問題は、現代にいたってはじめて生じたものではありません。と言うよりも、「一等国」への仲間入りを目指していた明治時代の日本にとって、**経済の近代化を達成し、労働生産性を上げることは大きな課題であり、その課題はまた、戦前から戦後へと持ち越されてきた**ものなのです。

明治時代の産業革命期と大正時代の大戦景気期における労働生産性の上昇の要因を問う次の東大日本史の問題は、そうした現代にいたるまでの日本経済のあり方を見渡す視点から出題されたように思われます。

問題18

労働生産性は、働き手1人が一定の時間に生み出す付加価値額（生産額から原材料費や燃料費を差し引いた額）によって計られる。その上昇は、機械など、働き手1人当たり資本設備の増加による部分と、その他の要因による部分とに分けられる。後者の要因には、教育による労働の質の向上、技術の進歩、財産権を保護する法などの制度が含まれる。労働生産性に関わる以下の図と史料を読み、下記の設問A・Bに答えよ。

史料

専《もっぱ》ら勤《いそし》むべきは人間《じんかん》普通《ふつう》日用《にちよう》に近き実学なり。譬《たと》えば、いろは四十七文字を習い、手紙の文言《もんごん》、帳合《ちょうあい》の仕方、算盤《そろばん》の稽古《けいこ》、天秤《てんびん》の取扱い等を心得《こころえ》、なおまた進んで学ぶべき箇条は甚だ多し。（中略）一科一学も実事を押え、その事に就《つ》きその物に従い、近く物事の道理を求めて今日の用を達すべきなり。上記は人間普通の実学にて、人たる者は貴賤上下の区別なく皆悉《ことごと》くたしなむべき心得なれば、この心得ありて後に士農工商各々その分を尽《つく》し銘々《めいめい》の家業を営み、身も独立し家も独立し天下国家も独立すべきなり。

（福沢諭吉『学問のすゝめ』初編、1872年、表現を一部改変）

図　労働生産性上昇率の推移　1885～1940年（年率）

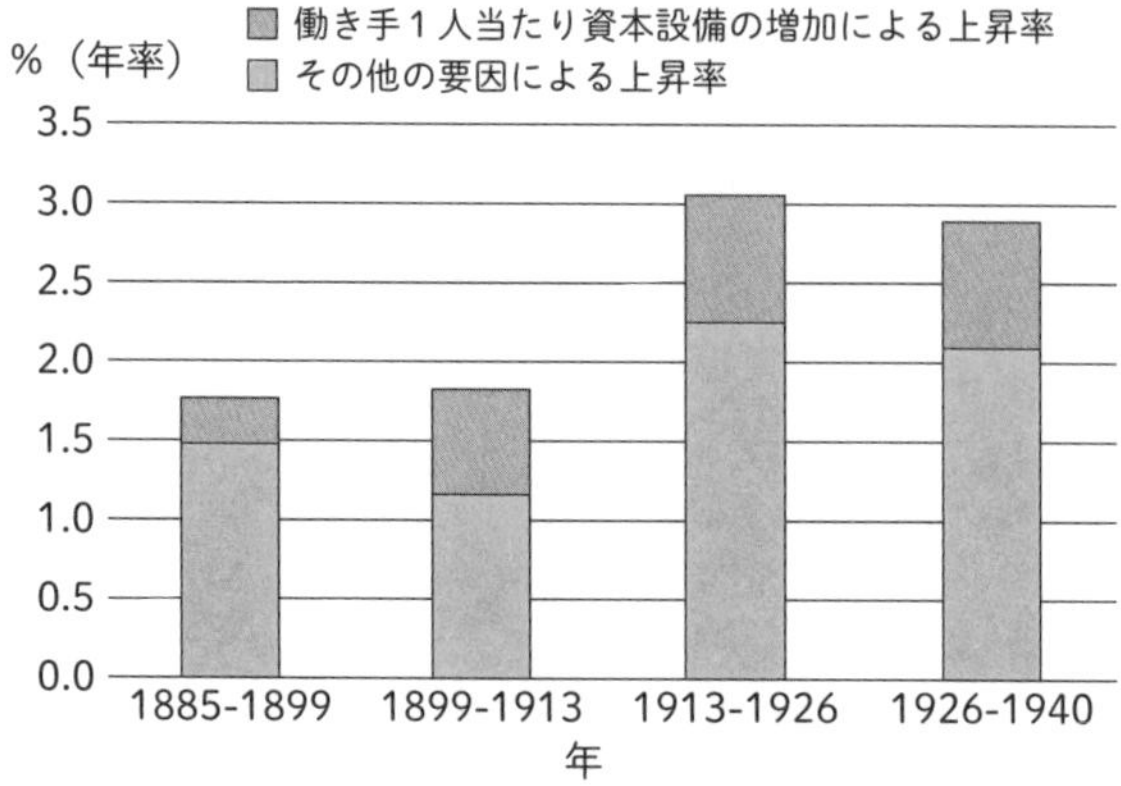

（深尾京司他『岩波講座 日本経済の歴史』より）

国民たる者は一人にて二人前の役目を勤《つと》むるが如し。即ちその一の役目は、自分の名代《みょうだい》として政府を立て一国中の悪人を取押《とりおさ》えて善人を保護することなり。その二の役目は、固く政府の約束を守りその法に従って保護を受くることなり。

（福沢諭吉『学問のすゝめ』六編、1874年、表現を一部改変）

設問

A 1880年代半ばから1890年代における労働生産性の上昇をもたらした要因は何か。具体的に3行（90字）以内で述べよ。

B 第一次世界大戦期以後において、労働生産性の上昇はさらに加速しているが、その要因は何か。具体的に3行（90字）以内で述べよ。

（2022年度・第4問）

対照的な発展を遂げた製糸業と紡績業

設問**A**で問われている「1880年代半ばから1890年代」は、日本が繊維業を中心とする産業革命を実現した時期にあたります。これをリードし、主要輸出産業に成長したのが、生糸を生産する製糸業と、綿糸を生産する紡績業の2つの産業でしたが、両者の発展の過程はきわめて対照的なものでした。

まず、製糸業は、すでに江戸時代後期の段階で、北関東の養蚕地帯を基盤に家内工業による生産が行われていました。幕末に列強各国との貿易が開始されると、生糸は全体の約8割を占める主要輸出品となります。と言うよりも、他に輸出できるような目ぼしい産品がなかったのです。また、技術的な未熟さゆえ日本産の生糸は品質が悪いとの批判も列強から受けていました。

そこで、製糸業の近代化を進めるべく1872年に官営模範工場として建設されたのが、富岡製糸場（群馬県富岡市）です。フランス人技師ブリューナの指導下で最先端の機械が導入され、公募により集まった士族の子女400人余り（操業開始時）が職業訓練を受けました。彼女たちは「富岡工女」と呼ばれ、各地に近代的な技術を伝える役割を果たします。

そして、その新しい技術から生み出され、各地の製糸工場に普及したのが、器械製糸と呼ばれる生産技術です。これは、生糸の巻き取り部分を1本の軸で連結し、水車や蒸気機関を動力に回転させるしくみとなっており、従来の座繰製糸《ざぐりせいし》の技術に輸入機械の長所を巧みに取り込んだものでした。欧米の近代的技術が日本の社会や風土に合う形で改良していくことで根付いいたというのは、古代における律令などと同じですね（古代・03・04参照）。

こうしたイノベーションの結果、1909年には中国（清）を抜いて生糸の輸出額が世界第1位となりました。**江戸時代から受け継いだ養蚕地帯や座繰製糸を基盤に、近代産業へと脱皮を遂げたのが製糸業**と言えるでしょう。

これに対して、紡績業をはじめとする綿産業は、幕末の貿易開始とともに当時「世界の工場」と呼ばれたイギリスの綿製品が大量に輸入されたことから、河内《かわち》の綿作地帯や尾張の綿織物業が壊滅的な打撃を受け、ゼロからのスタートを余儀なくされました。

まず、綿織物の生産が、イギリス人のジョン・ケイが発明した飛び杼《ひ》（たて糸によこ糸を通すときに用いる道具）を在来の手織機に取り入れることで回復しましたが、それにより原料となる綿糸の輸入が膨張したため、紡績業の育成が急務となります。

しかし、政府の奨励する2000錘《すい》規模の機械制生産は、なかなか軌道に乗りません。こうしたなかで、渋沢栄一が1883年に開業した大阪紡績会社は、1万錘紡績・24時間操業・昼夜2交替制（夜間の操業のため電灯が設置されました）という大規模生産で成功を収めます。これを機に、1880年代後半には関西地方を中心に大工場が次々と設立されて、綿糸生産は飛躍的に拡大しました。その結果、1890年には綿糸の生産量が輸入量を、1897年には輸出量が輸入量を上回り、おもに中国・朝鮮向けの輸出産業として紡績業は成長を遂げたのです。

一方で、江戸時代に国内で生産されていた綿花は繊維が短く、導入された欧米の紡績機械には適さなかったため、インド・中国から輸入された綿花が利用されました。安価で良質なインド綿花の確保のため、1893年にはボンベイ（ムンバイ）航路が開設されています。

このように、**原料・機械を海外に依存した紡績業は、国内的な基盤のあった製糸業とは対照的な発展のしかたを見せた**と言えるでしょう。

「人間普通日用に近き実学」を重視した福沢諭吉

製糸業や紡績業に見られる近代的な技術・機械の導入が、労働生産性の上昇の要因となったことは間違いありません。しかし、問題文の冒頭で「働き手1人が一定の時間に生み出す付加価値額（生産額から原材料費や燃料費を差し引いた額）によって計られる」と定義されているとおり、**働き手の質もまた労働生産性に直結します。**

問題文には続いて「その（筆者注：労働生産性の）上昇は、機械など、働き手1人当たり資本設備の増加による部分と、その他の要因による部分とに分けられる」とありますが、「その他の要因」としては「働き手の質の向上」が大きいと考えられます。この、働き手の質という観点から問題で史料文として与えられているのが、明治時代を代表する啓蒙思想家である福沢諭吉の文章です。

1つめの史料文の冒頭にある「人間普通日用に近き実学」という言葉は、ヨーロッパの近代的な諸学問を高く評価した言葉として知られています。豊前中津藩《ぶぜんなかつはん》（現在の大分県）の下級武士の家に生まれ、幕末に遣米使節団に同行した福沢は、近代的なアメリカの社会に圧倒されます。そして、著書『福翁自伝《ふくおうじでん》』において、「東洋になきもの」として独立心と数理学の2つを指摘しました。

まず、独立心とは、個人が他人や政府に依存せず、自立した生活を営もうとする精神のことで、独立自尊とも言います。江戸時代の封建社会のように、藩や家に頼ることなく、ひとりひとりが自立することが、日本の近代化には必要であると考えたのです。

次に、数理学とは、ヨーロッパの合理的・実証的な諸学問のことです。蒸気機関の発明が産業革命の原動力となったように、ヨーロッパの実用的な学問は物質的な豊かさをもたらします。福沢は、観念ばかりを説いて実用的ではない、儒学を中心とする漢学を虚学と呼び、ヨーロッパの学問は実生活に利益を与えるとして実学と呼びました。

こうした「人間普通日用に近き実学」の土台にあるのが、読み書きや計算といった基礎学力です。そして、**国民がみな基礎学力を身につけることで、独り立ちすることができ、それによって、国家も列強に対峙《たいじ》して独立を維持することができる。**それを表した言葉が、1つめの史料文の最後にある「身も独立し家も独立し天下国家も独立すべきなり」です。

詳しくは次問で解説しますが、明治政府は国民皆学《かいがく》の方針の下で初等教育の普及に力を入れました。それにより基礎学力が養成され、産業革命期における労働生産性の上昇につながったのです。

続いて2つめの史料文では、法による国民の保護について述べられています。ヨーロッパで産業革命によって成立した、資本主義と呼ばれる経済のしくみの基礎となるのが、私有財産制度と自由競争です。各人が持つお金（資本）を自由に使い、より良い・より安い商品を作ろうとライバルと競うからこそ、経済は発展していきます。しかし、財産権も自由も法がなければ守られません。史料文で福沢は、国民が法を守り無法者を排除してこそ、法によって保護が受けられると言っているわけです。

1880年代には大日本帝国憲法を中心とする諸法典が編纂され、国民（臣民）は法的な保護を受けられるようになりました（近代・20で後述）。この点も労働生産性の上昇の要因として指摘できるでしょう。

大戦景気と労働生産性の上昇

設問**B**では、第一次世界大戦期以後における労働生産性の上昇の要因が問われています。Aと同様に、「機械など、働き手1人当たり資本設備の増加による部分」と、「その他の要因による部分」、すなわち働き手の質の両面から考えましょう。

第一次世界大戦（1914～18）中には、戦場となったヨーロッパから離れていたことが幸いし、空前の好景気（大戦景気）にわきましたが、これを牽引したのが**造船業をはじめとする重化学工業**です。世界的な船舶不足から、造船業は大戦の前後で10倍以上も建造トン数を増やしています。また、敵国であるドイツからの輸入が途絶したことで、薬品・化学肥料などの化学工業も勃興しました。こうしたなかで、蒸気力から電力へのエネルギー転換も進んでいます。

重化学工業は軽工業以上に機械や設備に対する投資が求められ、そのことが「資本設備の増加」による労働生産性の上昇につながったと考えられるでしょう。また、重化学工業では専門的な科学者・技術者も必要とされます。そこで、原敬《はらたかし》内閣は1918年、改正大学令・高等学校令を制定して、高等教育の充実を図りました。働き手の質という面からも、労働生産性は向上したのです。

一方で、明治時代から製糸工場や紡績工場で見られた、長時間労働などの劣悪な労働環境は、労働生産性の観点からも大きな問題でした。労働者が健康で文化的な生活を営めてこそ、安定的な生産は可能となります。そうした意味で、1911年に制定された工場法は、15人以上が働く工場にのみ適用されるという不十分なものでしたが、**1日12時間労働や女性・年少者の深夜業の禁止など、労働条件の改善**に寄与しました。

また、大戦景気の時期には、インフレによる生活難から労働運動が高揚し、米騒動（1918）を機に民衆が組織的運動の必要性に目覚めたことで、労働組合が結成され始めました。労働者が資本家と交渉して権利を勝ち取る。このことも労働条件の改善による労働生産性の上昇の要因と考えられます。

解答例

A 初等教育の普及により読み書き・計算など実学的な基礎学力が養われ、労働者の質が向上するとともに、紡績業を中心に機械や蒸気機関が積極的に導入され、また法整備により諸権利が保護された。
B 労働組合運動の発展や工場法の施行により労働環境や労働条件が改善されるとともに、高等教育の充実により重化学工業を支える技術者の養成が図られ、また、蒸気力から電力への転換も進んだ。

musubime

歴史の結び目

「教育立国」日本の行方

山がちな国土で資源に乏しい日本では古来、人こそが国の礎であるとして、教育に力が入れられてきました。古代においては、辺境の地に生きる者の学びの良さを発揮して中国の進んだ制度や文化を摂取し（古代・02参照）、大学・国学で人材の育成を図っています（古代・05参照）。それは、列強の制度・技術を受け入れ、初等教育の普及を図ることで近代化を進めた明治時代の日本も同様です。

また、福沢諭吉は1つめの史料文で基礎学力の重要性を説いていましたが、じつは、江戸時代にも各町村で営まれていた寺子屋で、読み・書き・そろばんが教えられていました。**江戸時代の農業の発達や農村の自治的な運営（近世・13参照）は、こうした教育力の高さに支えられたもの**であり、それはまた、近世・13で立てた「欧米以外の国でなぜ日本だけが19世紀の段階で近代化を達成することができたのか？」という問いに対する答えの一つでもあります。

ですが、そうした人の力に頼りすぎてきたことが、労働生産性を低下させる原因になってきたとも言えます。日本人のストロング・ポイントは今も昔も「勤勉さ」ですが、それを当てにしてはイノベーションはおこせません。そうした、明治時代から現代まで続く人の問題を、本問は浮き彫りにしたのかもしれません。

次の問題では、教育のあり方についてさらに掘り下げて考えていきましょう。

戦前の日本において教育勅語はどのような意味を持ったか？

2018年度第4問

世の中に物申す入試問題

大学入試では時おり、世相を反映し、**世の中に対して一言物申すような問題**が出題されることがあります。

例えば、２０２３年度の大学入学共通テスト「倫理」では、「親ガチャ問題」が取り上げられて話題となりました。「社会で成功できるかどうかは本人次第だ」という意見と、「家が裕福なおかげでいい教育を受けて、将来お金を稼げるようになったりする」のだから、「運の違いが生む格差は、社会が埋め合わせるべきだ」という意見を戦わせることによって、個人の自由と社会的平等のあり方について考えさせる問題でした。

ちなみに、「倫理」ではその前年の２０２２年度にも、問題文に「多くの人々が自分たちの判断に正当な根拠があるかを考えず、ある種の思考停止状態に陥って少数の人々を迫害したのが魔女狩りであったとすれば、同様なことは今日でも十分に起こり得るでしょう」と記して、「それってたんなるあなたの感想ですよね」とマウントを取ることの危うさに警鐘を鳴らしています。

このような世相を反映した問題は、東大日本史にも見られるものです。例えば、古代・04で扱った、皇位継承における摂関政治が果たした役割を問う問題は、平成から令和への代替わりに皇室のあり方が国民的議論となるなかで出題されたものでした。

次に見る教育勅語（教育に関する勅語）についての問題も、その一つと言えるでしょう。戦前の教育と国民道徳の基本原理を示した教育勅語は、現代においても保守の論客から人気があり、復活を望む声がしばしば上がります。しかし、天皇の勅語という形式は日本国憲法下では認められません。また、戦前においても無条件に崇められたものではなく、日清戦争後には新たな教育勅語を模索する動きが見られました。時代の変化に応じてアップデートしていくべきものと考えられていたのです。

東大の先生方が何を物申したかったのか。問題を解きながら考えていくことにしましょう。

問題19

教育勅語は、1890年に発布されたが、その後も時代の変化に応じて何度か新たな教育勅語が模索された。それに関する次の❶・❷の文章を読んで、下記の設問A・Bに答えなさい。

❶ 先帝（孝明天皇）が国を開き、朕《ちん》が皇統を継ぎ、旧来の悪しき慣習を破り、知識を世界に求め、上下心を一つにして怠らない。ここに開国の国是《こくぜ》が確立・一定して、動かすべからざるものとなった。（中略）条約改正の結果として、相手国の臣民が来て、我が統治の下に身を任せる時期もまた目前に迫ってきた。この時にあたり、我が臣民は、相手国の臣民に丁寧・親切に接し、はっきりと大国としての寛容の気風を発揮しなければならない。

『西園寺公望《さいおんじきんもち》伝』別巻2（大意）

❷ 従来の教育勅語は、天地の公道を示されしものとして、決して謬《あやま》りにはあらざるも、時勢の推移につれ、国民今後の精神生活の指針たるに適せざるものあるにつき、あらためて平和主義による新日本の建設の根幹となるべき、国民教育の新方針並びに国民の精神生活の新方向を明示し給うごとき詔書をたまわりたきこと。

「教育勅語に関する意見」

設問

A ❶は、日清戦争後に西園寺公望文部大臣が記した勅語の草稿である。西園寺は、どのような状況を危惧し、それにどう対処しようとしたのか。3行（90字）以内で述べなさい。

B ❷は、1946年3月に来日した米国教育使節団に協力するため、日本政府が設けた教育関係者による委員会が準備した報告書である。しかし新たな勅語は実現することなく、1948年6月には国会で教育勅語の排除および失効確認の決議がなされた。そのようになったのはなぜか。日本国憲法との関連に留意しながら、3行（90字）以内で述べなさい。
（2018年度・第4問）

近代的市民から国家を支える臣民へ

本問に入る前に、1890年に教育勅語が発せられるにいたる、明治政府による教育政策を概観したいと思います。

明治政府がまず力を入れたのが、初等教育です。日本が近代国家として列強各国と対峙《たいじ》していくには、構成員である国民が近代的市民としての素養を身につけていなければなりません。そこで、明治政府は、その土台となる読み書き計算を中心とする基礎学力の育成を第一の目標としたのです。

1872年に出された「学事奨励に関する太政官布告（被仰出書《おおせいだされしょ》）」では、教育の目的が次のように端的に述べられています。

人々自ラ其身ヲ立テ、其産ヲ治メ、其業ヲ昌《さかん》ニシテ、以テ其生ヲ遂《とぐ》ル所以《ゆえん》ノモノハ、他ナシ、身ヲ修《おさ》メ智ヲ開キ才芸ヲ長ズルニヨルナリ。而《しかし》テ其身ヲ修メ智ヲ開キ才芸ヲ長ズルハ学《まなぶ》ニアラザレバ能《あた》ハズ。是レ学校ノ設《もうけ》アル所以ニシテ……

人びとが身を立てる礎には知恵を開き才芸に長ずることがあるが、それには学ばなければならない。それが学校を設ける理由である――そこには、前問で見た福沢諭吉『学問のすゝめ』にも通じる、学業は人生を自ら切り開くための手段であるとする功利主義的な教育観がうかがわれるでしょう。そして、続いて次のように述べられました。

自今《じこん》以後、一般ノ人民（華士族卒農工商及婦女子）必ズ邑《むら》ニ不学ノ戸ナク、家ニ不学ノ人ナカラシメン事ヲ期ス。

（今後、村の中に子どもを学校で学ばせない家がなく、家の中に学校で学ばない者がいないようにしたい）

すべての国民に学ばせるというこの方針を、国民皆学《かいがく》と言います。そして、この国民皆学の方針に基づいて、被仰出書と同年の1872年に学制が公布され、全国各地にあまねく小学校を建設することを目指したのです。

しかし、何もないところから造るわけですから、そう簡単に実現するはずがありません。近代・16の注でも述べたとおり、各地で学制反対一揆もおきました。結局、1879年の教育令を経て、1886年の学校令（帝国大学令・師範学校令・中学校令・小学校令などの総称）によって、体系的な学校制度が確立しました。

それとともに、教育の目的にも変化が訪れます。憲法制定を進める過程において、**当初の個人の立身のための学業という功利主義的な考えは後退し、国家を支える臣民（国民）の育成という国家主義的な色合いが強まっていった**のです。そうしたなかで憲法発布の翌年の1890年に発せられたのが、教育勅語でした。

「朕カ忠良ノ臣民」としての道徳

道徳教育に強い関心を示していた当時の山県有朋《やまがたありとも》首相の下、教育勅語の起草に関わったのは、憲法制定の中心的メンバーでもあった井上毅《いのうえこわし》（近代・16参照）と、明治天皇の侍講《じこう》を務めた元《もと》田永孚《だながざね》の2人です。それゆえ、教育勅語は立憲主義に基づく個人の自由（とりわけ良心の自由）に配慮しながらも、儒教的な徳義が全面に押し出された内容となりました。第二段では次のように述べられています。

爾《なんじ》臣民、父母ニ孝ニ、兄弟ニ友ニ、夫婦相和シ、朋友相信シ、恭倹《きょうけん》己レヲ持シ、博愛衆ニ及ホシ、学ヲ修メ業ヲ習ヒ、以テ智能ヲ啓発シ、徳器ヲ成就シ、進テ公益ヲ広メ世務ヲ開キ、常ニ国憲ヲ重シ国法ニ遵《したが》ヒ、一旦緩急アレハ義勇公ニ奉シ以テ天壌《てんじょう》無窮《むきゅう》ノ皇運ヲ扶《ふ》翼《よく》スヘシ。是《かく》ノ如キハ独《ひと》リ朕カ忠良ノ臣民タルノミナラス又以テ爾祖先ノ遺風ヲ顕彰スルニ足ラン。（筆者注：句読点を補った）

ここでは、「孝」「友」「和」「信」「恭倹（他人に対しては恭しく、自分自身に対しては慎み深いこと）」「博愛」「修学習業」「智能啓発」「徳器成就（人格の向上に努めること）」「公益世務（世のため人のために励むこと）」「遵法」「義勇（正義を行う勇気を持って国に尽くすこと）」という、12の徳目が掲げられていますが、それは、儒教の徳目から始まって、国に対する務めで終わっています。つまり、**伝統的な儒教道徳を土台に、その上に国家を支える臣民（国民）の義務を説き、「朕カ忠良ノ臣民（天皇の忠義があり善良な臣民）」であることを求めた**のです。このようにして、「忠君愛国」という基本理念が示されました。

ですから、教育勅語の上に位置づけられるのは、万世一系の天皇の存在です。第一段では次のように述べられています。

朕惟《おも》フニ、我カ皇祖皇宗《こうそこうそう》国ヲ肇《はじ》ムルコト宏遠《こうえん》ニ、徳ヲ樹《た》ツルコト深厚《しんこう》ナリ。我カ臣民克《よ》ク忠ニ克ク孝ニ、億兆心ヲ一《いつ》ニシテ世々《よよ》厥《そ》ノ美ヲ済《な》セルハ、此レ我カ国体ノ精華ニシテ、教育ノ淵源《えんげん》亦《また》実ニ此ニ存ス。

天皇の祖先神である天照大神《あまてらすおおみかみ》（皇祖）と歴代の天皇（皇宗）が徳をもってこの国を治めてきたからこそ、臣民もまたみな心を一つにして忠孝の美徳に努めてきた。それは日本の国柄の優れた本質（精華）であって、教育の根源もここにある――第二段では儒教の徳目が並べられていましたが、**道徳は天照大神に連なる歴代の天皇にそなわったものであり、その徳を慕って臣民も忠孝の美徳に励むというのが、教育勅語の趣旨だった**のです。

しかし、だとすれば、教育勅語はその復活を望む保守の論客が主張するように、普遍的な内容であると言えるでしょうか？　本問が問うのはまさにそこです。

「一等国」としての新たな教育勅語を構想した西園寺公望

まず、設問**A**では、日清戦争後に西園寺公望文部大臣が起草した新たな教育勅語を取り上げて、その時代背景と西園寺の意図を問うています。

西園寺が起草した史料文❶を読むと、「条約改正の結果として、相手国の臣民が来て、我が統治の下に身を任せる時期もまた目前に迫ってきた」とあります。近代・17で見たように、日清戦争の開戦直前には日英通商航海条約が結ばれ（1899年発効）、領事裁判権の撤廃や、関税自主権の一部回復、最恵国待遇の双務化とともに、内地開放（雑居）が取り決められました。幕末に結ばれた修好通商条約では、来日した外国人は開港場と東京（江戸）・大阪（大坂）に設けられた居留地《きょりゅうち》にとどまることが求められましたが、列強の要望もあって外国人に日本国内での居住・旅行・営業の自由が認められたのです。

しかし、日本人と外国人が雑居することについては、従来から懸念が指摘されていました。さらにその懸念を増幅させたのが、日清戦争後のロシアに対する国民感情の悪化です。西園寺の脳裏には、幕末に見られた攘夷運動がよぎったかもしれません。それは、五箇条の誓文（1868）にある「旧来の悪しき慣習を破り」という、攘夷をやめて開国和親の方針を示した文言を引いていることからもうかがわれます。

「相手国の臣民に丁寧・親切に接」することが求められるなかで、西園寺は儒教の徳目を土台とした従来の教育勅語では不十分であると考えたと推理されます。そこで、**「大国としての寛容の気風」を培う、「一等国」にふさわしい新たな教育勅語を構想した**のです（なお、この構想は西園寺の文部大臣退任によって実現しませんでした）。

続いて設問**B**は、戦後に新たな教育勅語が実現しなかった理由を、「日本国憲法との関連」を踏まえて答えることが求められています。先に見たように、教育勅語は天照大神に連なる歴代の天皇という神話的な国体の観念に基づいています。こうした観念は、すでに1946年の元日に発せられた、天皇の「人間宣言」とも言われる「新日本建設に関する詔書」で否定されていました。また、**天皇が臣民に対して勅語を発するという形式そのものが、国民が定める民定憲法として制定された日本国憲法と相容れません。**このように、内容的にも形式的にも、教育勅語の復活はあり得なかったのです。

解答例

A 条約改正による内地雑居を前に、日清戦争後に対露感情が悪化するなかで外国人排斥の動きを懸念した西園寺は、五箇条の誓文の開国和親の方針を強調することで、臣民に寛容の精神を育もうとした。
B 神話的な国体の観念に基づく教育勅語は、日本国憲法が掲げる基本的人権の尊重に反するとともに、天皇が臣民に対して勅語を発するという形式も、国民主権の原理にそぐわないものであったから。

musubime

歴史の結び目

教師が教えたとおりには生徒は学ばない

教育を論ずることの難しさは、誰もが教育を受けた経験があり、しかも、その経験によって教育に対してポジティブな意見を持ったりネガティブな意見を持ったりする、という点にあります。成功体験は他の人にもあてはめたくなりますが、それが一般的に通用するとは限りません。逆に、辛い思いをしていたりすると、否定だけが先走って建設的な提案ができなくなります。個人的な経験が理性的な議論の邪魔をするのです。

それとともに、生徒は教師が教えたとおりには学ばないという事実が、議論をややこしくさせます。生徒の学び方は十人十色です。すべての生徒が同じように学ぶとしたら、それは洗脳とも言える営みでしょう。生徒が思いどおりに学ばないことを許せる寛容さのある者だけが、教師となる資格を有します。

戦後、教育勅語に代わって教育の基本理念を定めたのが、教育基本法です。そして、教育基本法は時代の変化に応じて改正されてきました。ですが、**どんなに崇高な理念を掲げても、それが現実とはならない**ことを踏まえた議論が求められるでしょう。

それは憲法も同様です。本書の最後となる次の問題では、条文と運用という2つの側面から、大日本帝国憲法と日本国憲法について考えたいと思います。

日本国憲法は本当に〈民主的〉なのか？

2005年度第4問

〈国柄〉としての憲法

英語で「憲法」を意味する「constitution（コンスティテューション）」は、〈本質を成す構成・骨格〉を原義としています。そこに、17〜18世紀の市民革命を経て、人権を保障するための国家と国民との契約という意味が加わり、組織や統治などの国家の基本構造を定めた根本法としての近代憲法が誕生しました。

現代の国家はそれぞれに憲法を定めていますが、どれ一つとして同じ憲法はありません。それは、**国家の基本構造（もう少し平たく言えば国の骨格）というのは、その国の風土や社会によって決まってくる**からです。大統領制が合っている国もあれば、議院内閣制が合っている国もある。これを裏返せば、その国の風土や社会に根ざしたものであるからこそ、憲法は国の骨格になり得ると言えます。

近代・16で見たとおり、大久保利通はこの国の実情に鑑みて君民共治がふさわしいと考えました。そして、その遺志を継いだ伊藤博文は、憲法調査のため渡欧した際、ウィーン大学のシュタイン教授から、〈国柄〉に即した憲法を制定すべきだと指導を受けます。〈国柄〉とは、その国独自の伝統や文化のことです。その教えに感銘を受けた伊藤は、帰国後に〈国柄〉に合った大日本帝国憲法の起草を目指したのです。

ところで、近代・16では第4条を引用しながら、大日本帝国憲法にはデモクラシーが埋め込まれていたと説明しました。憲法の本場であるヨーロッパに学んだ伊藤は、権利・自由の保障という憲法の本質を理解していたのです。そして、そのような視点から大日本帝国憲法を捉え直すと、「非民主的」というステレオタイプな評価とは違った側面が見えてきます。

次の東大日本史の問題は、民本主義の提唱で知られる吉野作造の論文を引用しながら、日本国憲法との比較を通して大日本帝国憲法のあり方を問います。

問題20

次の文章は、吉野作造が1916年に発表した「憲政の本義を説いてその有終の美を済《な》すの途《みち》を論ず」の一部である。これを読んで、下記の設問に答えなさい。

憲法はその内容の主なるものとして、(a)人民権利の保障、(b)三権分立主義、(c)民選議院制度の三種の規定を含むものでなければならぬ。たとい憲法の名の下に、普通の法律よりも強い効力を付与せらるる国家統治の根本規則を集めても、以上の三事項の規定を欠くときは、今日これを憲法といわぬようになって居る。（中略）つまり、これらの手段によって我々の権利・自由が保護せらるる政治を立憲政治というのである。

設問

大日本帝国憲法と日本国憲法の間には共通点と相違点とがある。たとえば、いずれも国民の人権を保障したが、大日本帝国憲法では法律の定める範囲内という制限を設けたのに対し、日本国憲法にはそのような限定はない。では、三権分立に関しては、どのような共通点と相違点とを指摘できるだろうか。6行（180字）以内で説明しなさい。

（2005年度・第4問）

立憲主義と三権分立

本問では、三権分立に関する大日本帝国憲法と日本国憲法の比較が求められていますが、その前に、史料文で吉野作造が語る近代憲法の原理について説明しておきましょう。

フランス革命において、実権を掌握した国民議会が1789年に採択したフランス人権宣言(人および市民の権利宣言)には、第16条に「権利の保障が確保されず、権力の分立が規定されないすべての社会は、憲法を持つものではない」と記されています。国家は、国民の利害を調整し、社会秩序を維持するために、権力(徴税権・警察権など)を行使しなければなりません。しかし、無制限に権力が行使されれば、人が生まれながらに持つとされる権利(自然権、日本国憲法では「基本的人権」と呼ばれています)が侵害される恐れがあります。

そこで、近代憲法には2つの原理が埋め込まれています。

1つめは、憲法によって国家権力が抑制されるという原理で、これを立憲主義と言います。近代・16で引用した「天皇ハ国ノ元首ニシテ統治権ヲ総攬《そうらん》シ此ノ憲法ノ条規ニ依リ之ヲ行フ」という大日本帝国憲法第4条の文言は、この原理を示したものです。

2つめは、権力を分割して異なる機関に担当させ、抑制と均衡を保つという原理で、いわゆる権力分立です。権力分立の発想は、イギリスの思想家ロックが著書『市民政府二論』で、執行権・同盟権（外交権）を握る国王を抑制すべく、議会の立法権の優位性を主張したことに始まります。そして、その考えを受け継いだフランスの思想家モンテスキューが、著書『法の精神』において立法権・行政権・司法権の三権分立を定式化したのです。

これを踏まえて史料文を読むと、立憲主義と権力分立という2つの原理に、民選議院制度を加えた「三事項の規定を欠くときは、今日これを憲法といわぬようになって居る」と、近代憲法の「根本原則」について手際よく説明されていることが分かります。そしてじつは、**吉野はこれに続けて、近代憲法たる大日本帝国憲法はこの3つの規定をそなえているると述べている**のです。

吉野が説いた民本主義とは、政治の根本は国利民福の増進にあるとして、主権在君の大日本帝国憲法下で政党内閣制と普通選挙の実現を説いたものです。その吉野の論文をあえて引用したということを考えれば、「統治権を総攬する天皇の下で三権分立が確立していなかった大日本帝国憲法に対して、日本国憲法では国民主権を原理に三権分立が明記された」というようなステレオタイプの解答を、東大の先生方が求めているとは考えられないでしょう。それを乗りこえるには、憲法の条文を読み込む必要があります。

大日本帝国憲法の運用面

ところで、近代・16では憲法を運用することの難しさについて述べました。そこで、立法・行政・司法の三権について、大日本帝国憲法の条文と、それがどのように運用されてきたのかを見ていきましょう。

〈立法権〉

「第五条　天皇ハ帝国議会ノ協賛ヲ以テ立法権ヲ行フ」

「第三十七条　凡《すべ》テ法律ハ帝国議会ノ協賛ヲ経ルヲ要ス」

大日本帝国憲法では、立法権は統治権を総覧する天皇が握っているものとされ、帝国議会はその協賛機関と位置づけました。また、衆議院を通過した法案が、対等の権限を持つ貴族院に否決されることも少なくありませんでした。

しかし、予算の成立には議会の同意が必要とされましたし、関連法案を成立させないと予算は執行できませんから、初期議会における対立を経て、議会と政府は歩み寄るようになります。こうした現実的な努力の積み重ねによって、大正時代には議会政治が軌道に乗るにいたるのです。

〈行政権〉

「第五十五条　国務各大臣ハ天皇ヲ輔弼《ほひつ》シ其ノ責ニ任ス」

大日本帝国憲法では、行政権も統治権を総覧する天皇に属するものであり、各国務大臣が個別に天皇に対して責任を負うとされました。また、内閣総理大臣の統率権限も明記されていませんでした。ですが、内閣全体で行政の責任を負うことは、伊藤博文を中心に大日本帝国憲法を逐条的に解説した『憲法義解《ぎげ》』で述べられています。明文化されていなくとも、運用上は内閣として行政にあたっていたわけです。

〈司法権〉

「第五十七条　司法権ハ天皇ノ名ニ於テ法律ニ依リ裁判所之ヲ行フ」

大日本帝国憲法では、裁判は司法権を握る天皇の名において行われてきました。しかし、これをもって三権分立が不十分であったとは言い切れません。裁判官が、罪刑法定主義に基づいて法を適用していたことは、警備中の巡査が訪日中のロシア皇太子を切りつけた大津事件（1891）に際して、内閣の死刑求刑を拒否して無期徒刑判決を下した大審院長・児島惟謙《こじまこれかた》の姿勢にも見られるとおりです（大審院は現在の最高裁）。

このように、**日本国憲法との比較において「非民主的」と評価されることの多い大日本帝国憲法ですが、運用面から見れば、近代憲法として十分に立憲主義的だったと言える**でしょう。

日本国憲法は民主的に運用されているか？

それでは、日本国憲法はどうでしょうか？

〈立法権〉

「第四一条　国会は、国権の最高機関であって、国の唯一の立法機関である。」

日本国憲法では、国民から選挙で選ばれた議員によって構成される国会が、国権の最高機関として位置づけられています。ただし、それは国政の中心という程度の意味であって、内閣や裁判所に優越しているわけではないとの解釈が通説です（政治的美称説）。

また、「国の唯一の立法機関」との規定に基づき、国会中心立法の原則（国の立法は国会を通して行われるべきとする原則）と国会単独立法の原則（国の立法は国会の議決のみで成立するという原則）が貫かれています（地方特別法など一部例外を除く）。しかし、官僚が作成した内閣提出法案が大多数を占め、行政の裁量が大幅に認められた委任立法が増加するなど、立法府としての役割が形骸化している面も否めません。

〈行政権〉

「第六五条　行政権は、内閣に属する。」

「第六七条　①内閣総理大臣は、国会議員の中から国会の議決で、これを指名する。」

日本国憲法では、イギリス流の議院内閣制が採用され、内閣総理大臣は国会が指名するとともに、国務大臣の過半数も国会議員から選ばれなければならないと規定されています。また、内閣には衆議院の解散権が、衆議院には内閣不信任案の議決権が認められています。内閣と議会が密接な関係にある点で、厳格な三権分立制を採用し、大統領と議会の独立性が強いアメリカ合衆国憲法とは対照的です。しかし、この点についても実質的に運用されているかどうかを、有権者である国民は注意深く見守る必要があるでしょう。

〈司法権〉

「第八一条　最高裁判所は、一切の法律、命令、規則又は処分が憲法に適合するかしないかを決定する権限を有する終審裁判所である。」

「第七九条　②最高裁判所の裁判官の任命は、その任命後初めて行はれる衆議院議員総選挙の際国民の審査に付し、その後十年を経過した後初めて行はれる衆議院議員総選挙の際更に審査に付し、その後も同様とする。」

日本国憲法では、裁判所は違憲立法審査権を有し、憲法の最高法規性（憲法に反する法律や命令は効力を有しないという性質）を守るとともに、立法・行政による人権侵害を監視する役割を果たすとされています。しかし、実際には下級裁判所で出された違憲判決が最高裁判所で政府の意向に沿った判決に覆される事例も多く、「憲法の番人」としての姿勢を疑問視する声も聞かれます。

また、最高裁判所裁判官の国民審査は、事実上まったく機能していません。予備校界ではこれを盛り込んだ解答例が流通しているのですが、筆者はいかがなものかと考えています。東大日本史では憲法の運用面が問われてきたという経緯があるのです。

たしかに、**日本国憲法では三権分立が明文化されました。しかし、それが実質をともなったものであるのかどうかは、また別問題です。**

解答例

> 大日本帝国憲法では、主権者である天皇が統治権を総攬したが、立法権は帝国議会が協賛、行政権は各国務大臣が個別に天皇を輔弼、司法権も天皇の名で裁判官が行使する形で、立憲主義の下で三権分立は実質的に成立していた。一方、日本国憲法では、国民主権を原理に、内閣の議会解散権・国会の内閣首班指名権・裁判所の違憲立法審査権など、各機関の均衡による権力の抑制が図られている。

歴史の結び目

私たちの憲法に対する姿勢が問われる

戦後日本を代表する政治学者であった丸山眞男《まるやままさお》は、長らく高校国語教科書にも採用されていた『「である」ことと「する」こと』（岩波書店『日本の思想』所収）で、日本国憲法第12条の「この憲法が国民に保障する自由及び権利は、国民の不断の努力によつて、これを保持しなければならない」という文言を引いて、次のように論じています。

この憲法の規定を若干読みかえてみますと、「国民はいまや主権者となった、しかし主権者であることに安住して、その権利の行使を怠っていると、ある朝目ざめてみると、もはや主権者でなくなっているといった事態が起るぞ」という警告になっているわけです。これは大げさな威嚇でもなければ教科書ふうの空疎な説教でもありません。それこそナポレオン三世のクーデターからヒットラーの権力掌握に至るまで、最近百年の西欧民主主義の血塗られた道程がさし示している歴史的教訓にほかならないのです。

私たちの権利や自由は、憲法に明記されたからそれで守られているというのではなく、それ

らを守るべく私たちが努力することで、はじめて守られるのです。例えば、憲法第13条の幸福追求権を根拠に、プライバシー権や環境権といった「新しい人権」を主張するといったことがそうでしょう。また、内閣が私たちの権利・自由を侵すようなことを行っていないか、チェックが欠かせません。

どうも私たち日本人には、憲法に書かれていることを現実であるかのように受け止めてしまう思考上のクセがあるようです（その理由についても丸山は『日本の思想』〔岩波書店〕で語っていますのでぜひお読みください。今なお読まれるべき名著です）。昨今の憲法改正論議において、改憲論者も護憲論者も、憲法の条文にばかりこだわって、憲法の〈民主的〉な運用という、伊藤博文らが根幹に据えた立憲主義の精神を見失っているように思います。

そもそも、憲法や制度が変わったからといって、社会がガラッと変わるというわけではありません。例えば、1994年に衆議院議員総選挙に小選挙区制（小選挙区比例代表並立制）が導入された時、これで日本でも二大政党による政権交代が実現する、政策本位の選挙が行われるようになる、と夢のように語られました。30年ほどたった今、それが実現していないのは火を見るよりも明らかでしょう。**現実は制度そのものではなく、私たちの政治に対する姿勢にあるからです。**

じつは、吉野作造は本問で史料文として挙げられていた論文「憲政の本義を説いてその有終の美を済すの途を論ず」の序文で、次のような警告を発しています。それは、近代・16で国民を「蒙昧《もうまい》無知の民」と呼んだ大久保利通の懸念とも響き合うものです。最後にその一部を引いて終わりにしましょう。

憲政のよく行わるると否《いな》とは、一つには制度並びに其運用の問題であるが、一つには又実に国民一般の智徳の問題である。蓋《けだ》し憲政は国民の智徳が相当に成育したという基礎の上に建設せらるべき政治組織である。若《も》し国民の発達の程度が尚未だ低ければ、「少数の賢者」即ち「英雄」に政治上の世話を頼むという所謂専制政治若くは貴族政治に甘んずるの外はない（傍点筆者）。

本書には、『歴史が面白くなる　東大のディープな日本史』（シリーズ全3作）から12項目を厳選し、大幅な加筆を施したものを再掲しています。さらに、最近の入試から8項目を書き下ろして1冊にまとめた傑作選です。

おわりに

「東大の日本史の入試問題は、織田信長とか坂本龍馬とか歴史上の有名な人物がほとんど出てこない。それなのに歴史の面白さが実感できるというのが不思議な感じだった」

拙著をお読みくださった読者の多くから、このような感想をいただきました。たしかに、東大日本史には、歴史上の人物に焦点を当てた問題がまったくありません。さらに言えば、歴史ファンに最も人気のある、戦国時代と幕末が出題されることも稀です。それにもかかわらず、東大日本史がこんなにも面白いのはなぜでしょうか？

筆者は、歴史の面白さには2種類あるからだと考えています。

1つめは、〈人〉が動く面白さです。NHKの大河ドラマは、どんな時代のどんな人物が主人公として選ばれても、時代の荒波を真正面から受けながら新しい時代を切り開いていこうとする姿が見る者を惹きつけますし、筆者も、歴史上の人物をモデルとした城山三《しろやまさぶ》郎《ろう》の『男子の本懐』『落日《らくじつ》燃ゆ』（ともに新潮社）などの小説に心を震わせます。〈人〉の面白さが歴史の面白さであることは間違いないでしょう。

しかし、歴史にはもう一つの面白さがあります。それは〈なぜ〉を問う面白さです。そして、東大日本史の面白さがそこにあることは、本書をお読みいただいた読者の皆さんは、もうお気づきかと思います。

現在のような皇位継承のあり方が定着したのはなぜだろうか？　この問いを突き詰めることで、古代における天皇家と藤原氏のウィン－ウィンの関係が浮かび上がってきました。北条氏が将軍になれなかったのはなぜだろうか？　この問いを突き詰めることで、天皇を頂点とする尊卑の意識に基づく、血筋による武家社会のピラミッドが見えてきました。

このように、〈なぜ〉と問い詰めていくことで見えてくるのは、この国の〈しくみ〉とも言えるものです。筆者は、歴史的な必然を表す言葉として、〈しくみ〉という言葉をよく用います。さまざまな出来事が絡み合うことで、それぞれの時代に特有の〈しくみ〉が生まれてくる。院政の〈しくみ〉や幕藩体制の〈しくみ〉です。しかし、その〈しくみ〉も永久不変のものではありません。その〈しくみ〉の上に生じたさまざまな出来事によって、また新しい〈しくみ〉がつくられていきます。東大日本史が問うのは、〈しくみ〉が生まれてくる瞬間であると言えるでしょう。

そして、〈なぜ〉を通じてこの国の〈しくみ〉を理解することこそが、歴史を学ぶ意味です。

〈人〉が動く面白さと、〈なぜ〉を問う面白さ。両者はまったくの別物のように思えて、実のところ無関係ではありません。というよりも、〈人〉の動きを追うことで、〈なぜ〉に対する答えが見えてきます。東大日本史でも、有名な人物が問われることはなくとも、京都の町衆による山鉾巡行のあり方や、江戸時代における農村の休日のあり方のように、問いの根っこには〈人〉の動きがあります。日本民俗学の創始者である柳田国男《やなぎたくにお》は、各地の民間伝承や風習をもとに、名もなき民衆である「常民《じょうみん》」の姿を描き出そうとしましたが、東大日本史は「常民」を通じて〈しくみ〉を通じて捉えようとしているのかもしれません。いずれにしろ、〈人〉と〈なぜ〉が結び付くことで歴史はもっと面白くなるはずです。

そこで、〈人〉と〈しくみ〉をつなぐ、最良の入門書を紹介します。塚原哲也『大学入試 マンガで日本史が面白いほどわかる本』（KADOKAWA）です。とにかく本書のマンガは取り上げる人物のセンスが抜群です。菅浦《すがうら》の清九郎や王直《おうちょく》をふつうは選びません（もちろん褒め言葉です）。その人選は、どのような〈人〉によってこの国の〈しくみ〉がつくられているかということに対する、塚原先生のお考えの表れでしょう（蛇足ですが、筆者は本書に触発されて『大学入試　マンガで倫理が面白いほどわかる本』〔KADOKAWA〕を書きました)。

大学を卒業したばかりの筆者が、市進予備校prep15水道橋校で開成や桜蔭の生徒ばかりが集まるクラスを担当して以来、私と東大日本史との付き合いは30年近くが経ちます。そして、最初の『歴史が面白くなる　東大のディープな日本史』を刊行してから干支は一回りしました。私の人生は東大日本史なくしては考えられません。

その間、私が所属する予備校はいくつも変わりました。右の書籍を刊行した出版社名も中経出版からKADOKAWAに変わりました。東京大学の入試問題を解説した一般書というどこに需要があるのか分からない企画を頑張って通してくれた編集者も、その上司で『東大のディープな日本史』という素敵な名前を付けてくれた編集者も、会社にはもういません。しかし、駒木結さんという誠実で情熱のある編集者を得て、『東大のディープな日本史』に新たな魂を吹き込むことができました。これからも、東大日本史が与えてくれた出会いに感謝しながら、生徒と汗をかいていきたいと思います。

２０２４年２月　東大入試を前に

相澤理

ブックデザイン：岩永香穂（ＭＯＡＩ）
イラスト：伊野孝行
ＤＴＰ：フォレスト
校正：鷗来堂
編集協力：城戸千奈津

相澤　理（あいざわ　おさむ）
1973年生まれ、東京大学文学部卒。市進予備校prep15水道橋校・Z会東大マスターコースで〈東大日本史〉講座を担当し、数多くの東大合格者を輩出する。現在は、通信教育予備校「早稲田合格塾」のほか、首都圏の高校で受験指導にあたる。主な著書には、ベストセラー『歴史が面白くなる　東大のディープな日本史』の他、『大学入試　マンガで倫理が面白いほどわかる本』（以上、KADOKAWA）、『悩んだら、先人に聞け！』（笠間書院）、『大人の学参　まるわかり日本史』（文藝春秋）などがある。

歴史《れきし》が面白《おもしろ》くなる　東大《とうだい》のディープな日本史《にほんし》
傑作選《けっさくせん》

2024年２月26日　初版発行

著者／相澤《あいざわ》 理《おさむ》

発行者／山下 直久

発行／株式会社KADOKAWA
〒102-8177　東京都千代田区富士見2-13-3
電話 0570-002-301(ナビダイヤル)

印刷所／株式会社暁印刷

製本所／株式会社暁印刷

ISBN 978-4-04-606514-8　C0021